为学生成长赋能

电厂路小学综合实践活动课程的实践与探索

杨薇 —— 主编

中国出版集团
中译出版社

图书在版编目（CIP）数据

为学生成长赋能 / 杨薇主编 . -- 北京：中译出版社，2024.8
ISBN 978-7-5001-7893-4

Ⅰ.①为… Ⅱ.①杨… Ⅲ.①活动课程—教学研究—中小学 Ⅳ.① G632.3

中国国家版本馆 CIP 数据核字（2024）第 104016 号

为学生成长赋能
WEI XUESHENG CHENGZHANG FUNENG

主　　编：杨　薇
责任编辑：贾晓晨
文字编辑：白雪圆
封面设计：潘　峰

出版发行：中译出版社
地　　址：北京市西城区新街口外大街 28 号普天德胜大厦主楼 4 层
电　　话：（010）68002494（编辑部）
邮　　编：100088
电子邮箱：book@ctph.com.cn
网　　址：http://www.ctph.com.cn

印　　刷：山东新华印务有限公司
规　　格：880mm×1230mm　1/32
印　　张：7.5
字　　数：300 千字
版　　次：2024 年 8 月第 1 版
印　　次：2024 年 8 月第 1 次印刷

ISBN 978-7-5001-7893-4
定　　价：58.00 元

版权所有　侵权必究
中译出版社

编写组

主　编　杨　薇
副主编　薛　东　甘育山
编　委　（排名不分先后）
　　　　　　丁　筱　李　梦　刘士荣　刘艳春
　　　　　　李晨迪　张　蕊　伊彩文　于艳君
　　　　　　庞　娜　杨文敏　韩壹苇　王冬梅
　　　　　　赵振琴　佟　玮　胡景兰　陈艳民
　　　　　　尹丽莎

序 言

党的二十大报告指出，教育、科技、人才是全面建设社会主义现代化国家的基础性、战略性支撑。必须坚持科技是第一生产力、人才是第一资源、创新是第一动力，深入实施科教兴国战略、人才强国战略、创新驱动发展战略。在建设社会主义现代化强国之路上，教育、科技、人才的重要地位得到了凸显。创新是一个民族的灵魂，创新型人才是国家发展的力量和源泉，培养创新型人才要根植于日常教学。

2022年4月，教育部发布了新课程方案和课标，标志着义务教育全面进入核心素养时代。新方案提出了"加强课程综合，注重关联""变革育人方式，突出实践"两条基本原则，其中还明确提到了要"统筹设计综合课程和跨学科主题学习"，这表明国家政策已将核心素养本位的育人目标作为主流，同时重视课程综合化与跨学科主题学习的设计与实施。

目前，学校教育致力于贯彻党的教育方针，实施新课程理念，坚持五育并举，培养学生的学习兴趣和思维品质，培养符合未来国家和社会真正需求的人才。北京市石景山区电厂路小学在新课改的背景下，改变了课程结构，减少了过于强调学科本位和科目分裂的现状，加强了综合实践活动课程的力度。学校积极开展体验性、实践性和开放性强的课程,旨在培养学生的问题意识、良好个性品质以及探究和创新意识。此外,学校还教授科学研究的方法,培养学生综合运用知识的能力。同时,学校也注重不同学科之间的相互联系、补充和渗透。通过课程整合,学校促进了学科知识与实际生活的联系,构建了以问题、任务为导向的跨学科主题学习活动,从而开创了全新的课程协同育人模式。

杨薇老师的著作充分体现了这种新课改理念下的育人方式变革。她强调了加强综合实践活动的建设和实施,推动学校跨学科主题学习的全面发展,并与地方课程相结合。充分挖掘区域资源、重新构建活动设计的方法,旨在激发学生的学习欲望和培养其创新精神和实践能力。结合丰富的典型案例,这本书为教师提供了宝贵的参考和启示。

甘育山(北京教育学院石景山分院)

2023 年 12 月

目 录

第一篇　电厂路小学综合实践

"聚焦冬奥与传统文化，为学生成长赋能"
——电厂路小学综合实践活动研究报告……………杨薇　/2

第二篇　跨学科主题学习课程

新课程理念下的跨学科主题学习活动探索……………李梦　/14
课例《首钢滑雪大跳台及周边场地再利用》………杨薇　庞娜　/22
课例《模拟首钢园定向越野》…………于艳君　张蕊　丁筱　/39
课例《我为首钢园代言》（*I Speak for Shougang Park*）
　　　………………………………………李晨迪　伊彩文　/48
课例《探秘首钢灯光秀》………………………李梦　杨文敏　/63

第三篇　爱我家乡石景山主题课程

新首钢园主题课程

《首钢重生　点燃冬奥》——走进首钢冬奥园区……刘士荣　/78
首钢里的黑科技——无人车………………………………杨薇　/94
首钢攻略手册设计与制作……………………………杨薇　庞娜　/102

京西民俗馆主题课程

历史的承载——老物件里的民俗文化 ………………刘艳春　/122

模式口驼铃古道主题课程

驼铃古道之模式口……………………………李晨迪 /129

冬奥社区主题课程

冬奥社区是我家 尽职尽责爱护它……………………李晨迪 /141

第四篇　丰富多彩的课后服务课程

基于项目化学习的小学综合实践活动设计与实施
——以《小小制冰师》为例 …………………………杨薇 /148
奥林匹克教育主题化系列课程进校园"中华体育寻根"
课程 ………………………………………………杨薇 /162
校本课程——冬奥与民族传统文化
主题一　冰嬉………………………………………杨薇 /185
主题二　阿勒泰的古老滑雪………………………杨薇 /209
主题三　老北京冰上游戏…………………………杨薇 /228

第一篇
电厂路小学综合实践

"聚焦冬奥与传统文化，为学生成长赋能"
——电厂路小学综合实践活动研究报告

杨薇

一、课程建设背景

（一）政策背景

2019年6月，中共中央、国务院颁布《关于深化教育教学改革全面提高义务教育质量的意见》，要求优化教学方式，探索基于学科的课程综合化教学，开展研究型、项目化、合作式学习。2021年7月24日，中共中央办公厅、国务院办公厅印发的《关于进一步减轻义务教育阶段学生作业负担和校外培训负担的意见》中指出："保证课后服务时间，学校要充分利用资源优势，有效实施各种课后育人活动，在校内满足学生多样化学习需求。引导学生自愿参加课后服务。学校要制订课后服务实施方案，增强课后服务的吸引力，为学有余力的学生拓展学习空间，开展丰富多彩的科普、文体、艺术、劳动、阅读、兴趣小组及社团活动。"

综合实践活动是从学生的真实生活和发展需要出发，从生活情境中发现问题，转化为活动主题，通过探究、服务、制作、体验等方式，培养学生综合素质的跨学科实践性课程。电厂路小学的综合实践活动开展不仅是优化课堂教学方式、深化教学质量，更是满足学生多样化学习的需求。

（二）学校课程背景

石景山区电厂路小学始建于 1984 年 7 月，前身是高井热电厂建立的子弟小学。学校位于石景山区西部，临近新首钢高端产业综合服务区，占地面积 7184 平方米，建筑面积 2696 平方米，配置有科学、音乐、美术、书法、计算机等专业教室。学校目前有 13 个教学班，321 名学生。学校作为"北京市少年宫分部""NHL 旱地冰球训练基地校""北京市冰球协会项目推广学校"，多年来在体育、文艺活动方面积淀丰富，聘请国家级、市级的专业教师进行指导和辅助训练；冬奥组委会落户新首钢，学校迎来了新的机遇，极大地丰富了学校的课程开发资源，为学校"冰雪课程"建设提供了有利条件。我校家校协同工作落实到位，多年来学校与所在的街道、社区联系紧密，得到了社会的广泛认同。

学校在"五育并举、全面育人，激发成长动力"办学理念引领下，紧紧围绕"养德、启智、健体、育美、爱劳"的课程目标，立足本校学生特点，把学校课程进行整合，形成了具有电厂路小学特色的"一核三层五领域"的课程体系。

综合实践活动课程贯穿三级课程之中，兼具实践性、研究性和创新性，包含了首钢主题系列课程、爱我家乡石景山地方课程、中国传统冰雪运动文化主题课程等。通过校内外综合实践活动课的实施，提升学生运用知识解决实际问题的能力，培养学生德智体美劳全面发展。

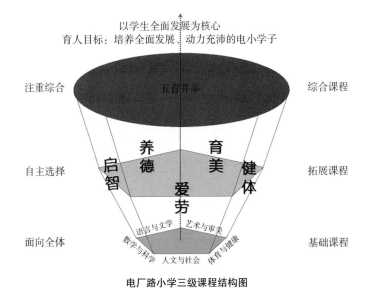

电厂路小学三级课程结构图

二、课程整体设计

电厂路小学综合实践活动课以"冰雪课程"和"爱我家乡石景山地方课程"两部分为基础,在此基础上衍生出中国传统冰雪运动文化课程、奥林匹克教育课等拓展延伸课程。

(一)"爱我家乡石景山"地方课程

"爱我家乡石景山"是石景山区地方课程,包含了石景山文化、交通、历史等多方面内容,帮助学生了解自己的家乡,提高学生对家乡的热爱。在这部分内容中,学校主要抓住了周边资源,带领学生探寻驼铃古道、首钢园、京西民俗馆的历史与发展,深入品味石景山的文化底蕴以及未来发展。

（二）冰雪课程

冰雪课程以"冬奥"为主题，充分利用学校、社会、教师和家长的资源，多科联动、多域互动，开展"学生讲堂""教师讲堂""年级课程""体验课程"等，探索多样实施方式，在师生中推广普及奥林匹克和冬季运动知识，开展爱国主义、集体主义教育，提高学生东道主意识，增强学生体质，传播积极健康的生活方式，引领健康学习生活新时尚。课程建构中，学校一直遵循"全面育人、科学育人、实践育人"的原则，坚持主题课程的综合性和交互性原则，充分利用区域资源，构建全方位、立体课程。

后冬奥时代，学校继续开发更多类型的冰雪课程，包括中国传统冰雪运动文化系列课、奥林匹克教育系列课、校园冰壶馆主题课等，完善学校的冰雪课程体系，丰富学生的知识视野，提高学生的动手实践能力。

三、课程实施策略

（一）实施"三"阶段

综合实践活动主要分为准备阶段、实践阶段和展示阶段三个阶段。

1.准备阶段

学生需要根据活动主题进行头脑风暴，提出感兴趣的问题，再对问题进行讨论梳理，重复的问题合并，缺少探究价值和无法操作的问题去掉，最终形成探究小主题。对同一探究小主题感兴趣的学生分为一组，组内进行分工，初步确定小组长、记录员、汇报员等。

组员在组长的带领下完成。例如，制作首钢攻略手册主题活动时，学生通过思考，确定了制作首钢美食、古建筑遗迹、工业遗迹和冬奥场馆这四个主题攻略手册，首钢美食组的学生不仅确定了分工，还把头脑风暴这种方法运用到实践前的讨论中，确定了本组要收集的资料包括首钢园内美食的分类、位置、照片和各餐厅的推荐菜等，为下一步行动确定了方向。

2.实践阶段

实践活动一般包含了调查访问、实地考察、设计制作、职业体验等方式，根据方案的确定选择合适的实践活动，在此过程中，教师多观察学生的动态，及时给予方法的指导，指导调查问卷的设计、采访问题的设计、设计制作的方法等。

3.展示阶段

实践是把知识运用于实际问题之中，展示是把自己的设计给他人讲明白，实践是吸收外界能量，展示是与外界交流，实践和展示是相辅相成的，学生既要有想法，又要敢表达。在展示部分中，鼓励各个小组全员参与汇报，各小组可根据组员的内容和意愿安排汇报内容的多少，站在众人面前讲话是一种勇气，胆子较小的学生在同伴的陪同下讲解，可以有一定的心理安慰，在表达过后得到正向反馈更能够提高学生的信心。展示环节既是分享相互的想法，也是锻炼学生语言表达能力的关键。

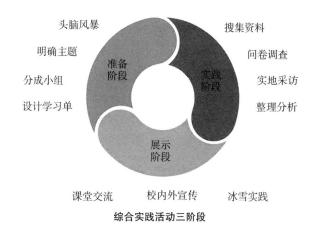

综合实践活动三阶段

（二）实施"三"路径

1.课内课外融合

综合实践活动并不是一门单独学科，而是要依托学科知识开展活动，学生在活动过程中要结合课内外知识解决问题，因此，各年级主题确定后，会梳理主题活动中的关键知识点，与学科课堂结合。比如"神秘的制冰师"这一主题活动会有制冰实验活动，让学生设计制冰方案，并根据方案完成制冰，这就需要运用科学课中水的三种形态的知识，科学教师就会在这节课上引导学生思考如何让水从液体变成固体，学生先设计出合理的方案，如果学生设计通过酒精挥发降温的方式，就可在课堂时间进行实验，如果是通过冰箱对水进行降温，就可以在家中完成。

2.线上线下融合

综合实践活动本身就是从学生的真实生活和发展需求出发，从生活情景中发现问题，转化为活动主题，通过探究、服务、制作、体验等方式，培养学生综合素养的跨学科实践性课程，新时代的特点就是先进的科学技术，让生活、交流和学习变得更加便捷，学生在周围环境的熏陶中对网络世界接触得越来越早，信息技术应用也越来越多。中国学生发展核心素养提出的18个基本要点包含了培养学生的信息意识，让学生能够主动适应"互联网+"等社会信息化发展趋势，利用互联网资源，进行更加有效的学习活动，因此把信息技术融入综合实践活动，让学生通过线上自组织学和线下实践探究相结合模式开展活动，不仅能够让活动开展得更加顺利，也顺应了时代的特点，为培养新时代的社会主义建设者和接班人做准备。在线上线下结合的模式中，线上教学以学生自组织学为主，小组长召集组员进行线上讨论、查找资料、视频制作、汇报准备等内容，线下教学以动手实践为主，包含了确定主题、分成小组、整理资料、实地考察等内容。

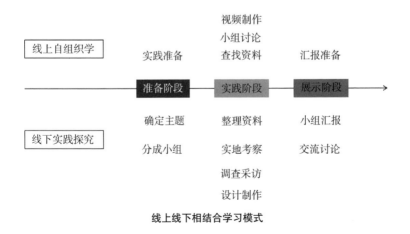

线上线下相结合学习模式

比如"首钢里的黑科技——无人车"一课，学生需要先搜集资料了解无人车的基本原理，因为无人车属于新科技，资料中有许多专业名词，学生独自理解起来较为困难，如果拿到学校讨论的话，遇到不理解的词语又很难及时查询，所以搜集资料这部分活动，由组长组织组员约定好时间在线上完成，学生可以搜集资料和讨论同时进行，提高学生小组活动的效率。

3.多学科融合

综合实践活动课程是基于主题实施的，学生在活动过程中会运用多学科知识，不同学科教师在学生实践过程中要给予相应的指导。比如在制作首钢攻略手册主题活动中，学生需要把景点资料进行改写，这就需要运用语文学科知识，语文教师就可以指导学生如何把资料改写成导游词，在绘图过程中艺术字的设计、插图的选择和颜色的搭配都需要美术教师给予指导，有的小组选择镂空版面设计，就需要劳动教师指导学生设计、剪刻漂亮的建筑物等。总而言之，在一个主题活动中包含多学科知识与技术，学校可以统筹规划，合理安排不同学科知识的指导。

（三）设计三单工具

学习单是学生进行自主探究的重要工具，也是学生探究活动的脚手架，一个好的学习单设计能够为学生搭建台阶，让学生顺着学习单进行一步步的学习，因此，学习单包括准备单、探究单和延伸单。

准备单包括学生实践前的知识准备、技能准备和探究方案准备，比如查阅相关资料，了解冰壶比赛的基本规则，或者是对主题的探究计划。

探究单是实践过程中应用的学习单，可以是采访、调查方案记录单，也可以是实验计划单，还可以是实践活动记录单，比如周末前往首钢园区调查无人车时，可以在考察的过程中完成学习单的填写；制冰实验时记录数据，包括冰形成的时间，不同温度下水的形态变化等。

延伸单是对主题学习完成后的延伸活动的思考与记录，包括制冰师活动中的维护学校冰壶馆记录单，小组根据探究结果设计宣传方案等。

教师在设计学习单时应该以引导性任务为主，比如在"神秘的制冰师"主题学习单中，第一个问题就是引导学生回忆冰壶场的冰面，让学生思考冰壶赛道冰面与普通冰面的区别，激发学生探究的兴趣。如果是高年级学生，也可以放手让小组围绕本组负责主题进行学习单的设计，为下一步活动的开展提前进行有目的性的规划，避免活动过程中的无用功，也能在设计中提高学生的自我管理能力。

三单的设计既可以是提前准备好的，也可以在实践中随时补充调整，通过三单的设计帮助学生掌握探究的重点和难点，提高学生解决问题的能力。

四、课程实施效果

（一）提高了学生解决问题的能力

综合实践活动关注学生实际生活中的问题，活动过程也是不断提出问题、不断解决问题,在这个过程中,学生经历了多种类型的问题,比如面对读不懂的资料怎么办?小组讨论时出现分歧怎么办?成果展示时不敢表达怎么办?线上线下融合的综合实践活动为学生提供了解决问题的多种思路,使学生能够根据实际情况科学分析,选择合适的解决方案。

(二)促进了学生学科核心素养的形成

综合实践活动设计时采用多学科融合的策略,引导学生主动运用学科知识解决实际问题,帮助学生把学科技能转化为自身经验,在实践的过程中,不仅提高了学生解决问题的能力,更加深了学生对于学科的理解与应用,促进了学生学科核心素养的形成。比如线上线下结合的方式把信息技术和互联网资源串联其中,让学生能够掌握有效获取、评估和使用信息的能力,面对互联网上大量的资料能够进行筛选和整理。学习更多信息技术,比如摄影、后期制作、照片处理、PPT制作等技术,能够选择合适的工具完成活动任务。在线上活动时,教师引导学生安全、文明使用互联网,提高学生的信息素养。

(三)提高了教师课程开发意识

开展综合实践活动,能够激发教师对课程的设计能力,教师可以结合学生兴趣和发展需求自主开发课程,综合实践活动的时间、空间与学科课程相比较为宽泛,教师可发挥的空间较大,在教学过程中,不断摸索,不断研究,开发出更多学生喜欢的综合实践课程,不仅能够提高教师教学质量,还能有效提高教师课程开发的意识。

总而言之,开展综合实践活动,要关注学生的兴趣和发展需求,结合学校的资源,通过有趣的、系统的、开放的设计,不仅能激发学生学习的兴趣,更能够提高学生解决问题的能力,促进学生综合素养的形成,为培养德智体美劳全面发展的社会主义建设者和接班人贡献一份力量。

第二篇
跨学科主题学习课程

新课程理念下的跨学科主题学习活动探索

李梦

一、新课程理念下的跨学科主题学习活动实施背景

（一）政策背景

2022年，教育部出台义务教育新课程方案和课程标准，新修订的义务教育课程以习近平新时代中国特色社会主义思想为指导，落实立德树人根本任务。《义务教育课程方案和课程标准（2022年版）》提出要加强课程内容的内在联系，突出课程内容结构化，探索主题、项目、任务等内容组织方式，倡导跨学科主题学习。

（二）学校已有基础

我校的办学理念是："互·动"教育，激发成长动力。育人目标：互爱互助，自信自强，积蓄沛的成长力量。办学目标：激发生命潜能的成长园地。我们希望让每个孩子按照身心发展的规律自然地接受教育，让每一个生命个体尽情享受教育的灿烂阳光，自信地、快乐地、个性张扬地行走在自己的人生路上，走出不一样的人生！让孩子们在人生的道路上学会主动、积极进取，学会自我反思、自我改进，不断成长进步，做更好的自己！

"双新"政策成为家长及社会各界关注的热点。作为学校，如何推进"双新"工作的落实，如何让学生进行深度学习？作为教师，

如何将新课程的理念运用到日常教学中，促进学生提质增效？我校结合"双新"背景，依托学校办学理念，结合学校冬奥教育的"文化·情境"育人模式，开展跨学科主题学习活动，促进学生全面发展。

二、新课程理念下的跨学科主题学习活动总体设计

（一）设计依据

从2015年开始，我校抓住北京2022年将举办冬奥会的契机，开展冬奥教育。经过几年冬奥教育实践以及反思与挖掘，我们明确了学校冬奥教育"培养健康、自信、超越、坚毅、快乐少年"的育人目标，探索了冬奥教育文化熏陶、情境体验的育人方式，以及校内外环境、课程、活动、实践、体验、参与全方位融入的育人路径和争取外部资源、统整内部资源、家校社协同的育人策略。为此，学校尝试以探索冬奥教育为突破口促进学生发展，并逐渐形成了小学冬奥教育的"文化·情境"育人模式。

（二）设计基础

八年来，在我校冬奥教育"卓越"理念下，在一次次冬奥教育课程、主题活动、实践任务中，在一个个冬奥教育真实榜样的激励下，孩子们开阔了视野，增长了见识，体验到冬奥文化的魅力，学会了坚强、坚韧、坚持，懂得了遵守规则、尊重他人、责任与担当，在学习与生活中追求"卓越"，不断挑战自我，变得更加阳光、自信、大气，也更加快乐。

（三）设计思路

为落实新课标，我校围绕语文、英语、体育、美术、道德与法治、科学、综合实践活动等学科，成立研究小组，开展跨学科主题联合教研活动。我校制订围绕"首钢"主题的跨学科活动方案，聚焦首钢园中的科技、人文、生活、冬奥等元素，以大概念整合为设计理念，设计真实问题序列，开展问题链教学，构建综合课程跨学科学习共同体。以生活中真实情境中的主题进行研究，使学生的学习从"零散"走向"整合"，从"习得"走向"迁移"，从"浅层"走向"深层"。

三、新课程理念下的跨学科主题学习活动实施过程

（一）了解跨学科主题学习活动的特点

1.真实性

真实性是指跨学科主题学习内容应该来源于真实生活，从真实的情境中提取学习内容。跨学科主题学习不能脱离学生的生活，学习内容要"有市场""有抓手"，处于学生学习的最近发展区，让他们在真实的情境中感受学习与真实生活密切相关。

2.问题性

问题性是指跨学科主题学习任务不是凭空捏造的，而是产生于学生学习过程中遇到的困难或者值得研究的学习素材，要让学生在特定的学习情境中发现问题，进而产生以解决问题为最终目的的价值取向。

3. 趣味性

趣味性是指跨学科主题学习要让学生觉得好玩、有意思,有想参加、想探究、想挑战的兴趣和欲望;要在学习内容真实、新鲜的基础上,有激发学生学习的独到之处,有让学生感兴趣的话题,有与众不同的时代气息,善于关注社会热点,引发学生共鸣,进而激发学生学习的外驱力。

4. 实践性

实践性是指学生在跨学科主题学习中必须参与实践,加强学科课程与生产生活、日常劳动和社会实践的结合,做到知行合一;倡导在做中学、用中学、创中学,做到学思结合,充分发挥跨学科主题学习中实践体验的独特育人功能。

5. 开放性

开放性是指跨学科主题学习在明确主题后,关于如何去完成这个主题学习,如何达成结果或者结果是什么都不明确,或者说结果也不唯一,过程也不唯一。这样的开放就给了学生无限可能的空间,让学生有自主活动的可能性。

(二)探索跨学科主题学习活动实施路径

1. 了解学生学习需求,做好教学规划,整合多学科知识,开发跨学科课程资源

学生的学习需求是教师组织教学的前提和基础。学校引导教师在进行跨学科教学时要以学生的学习需求为出发点,了解学生的认知水平和学习规律,激发学生的学习动机,吸引学生的注意力。同时,学校根据学生的多元智能发展情况制订相应的跨学科教学规划，将适合学生的多种智能学习资料进行合理归类。教师可根据需要随时组合利用教学资源，合理科学地安排教学，以发展学生智能，提高学生的综合素质。

首钢园是石景山区的地标性建筑，也是学生非常熟悉的地方。首钢园中的设施不仅与科学学习领域有较多的交叉知识，也与人文学习领域学科有较多联系，这为教师跨学科教学提供了丰富的课程资源。教师通过前期对学生的调查，了解学生学习需求，结合不同教学内容寻求跨学科课程开发的方式和途径，将其整合成本学科课程和教学内容的一部分，并进行合理规划和设计。

2. 跨学科听课和备课，促进不同学科教师交流，建设跨学科教研队伍

跨学科教学对知识的广度和深度进行了拓展和加深，因此对教师提出了更高的要求，单凭教师个体很难完成多学科的有效整合。因而，教师应该与不同学科的教师和专家共同协作，建立跨学科教研和教学队伍，采取多种方式促进不同学科教师交流。

2022—2023学年年度第一学期，我校制订围绕"首钢"主题的跨学科主题学习活动方案，组织不同学科教师利用假期在线上进行多次研讨。第二学期开学后，教师们不断修改教学设计，积极与同组的教师交流研讨，完善教学设计，为区级跨学科研讨会做准备。

3. 在课堂教学和实践活动中强化和渗透跨学科教学

跨学科教学的实现最终要体现在课堂教学和实践活动中，并通过教学实践来实现教学目标和验证教学成果，这是跨学科教学的落脚点。学校围绕"首钢"主题开展跨学科学习活动，整体梳理科学的操作目标、具体的实施路径、丰富的活动安排、明晰的知识获取，有主有次，分工合作，使课程功能发挥最大功效。

例如，模拟首钢园"定向越野"一课将校园模拟为"首钢园"情境开展"定向越野"比赛，通过了解定向越野的相关知识，为学生布置了开放性的学习任务。再利用"首钢滑雪大跳台"一课，从后冬奥时代思考首钢滑雪大跳台如何再利用这个问题，学生能够积极思考，为培养学生热爱家乡、参与家乡建设的情感提供了有利的支点。"探秘首钢灯光秀"一课从首钢园灯光秀入手，结合教材中光学的内容，探秘灯光秀中运用的科学技术和科学原理，感受科技的魅力。我为首钢园代言中"我是小小讲解员"这一教学内容依托五年级下册语文教材内容进行编排，通过收集资料，介绍首钢园，引导学生关注中国做人的文化成就，增强民族自豪感。

4.实施多元化学习评价

跨学科教学是基于多元智能理论下的一种多元化教育教学方式，因而，其教学评价方式也应该是多元的，以全面反映评价对象。

在本次的跨学科主题学习活动中，各个学科教师结合学科特点，核心素养要点，设计过程性的学生学习评价表，同时记录学生在跨学科学习过程中的表现。

教师结合学科核心知识、学生学习态度与能力、学生学习成果等方面，从课堂观察、对话交流、小组分享、学习反思等不同维度编制评价工具。评价内容贯穿整个跨学科主题活动过程，使工具评价与学习活动相互制约、相互促进，形成一个科学系统的整体。

四、新课程理念下的跨学科主题学习活动实施效果

（一）有利于开阔学生视野，增进对知识的理解，提升学生的综合能力

通过跨学科教学，教师可以围绕某一主题，以所教学科某一模块知识为出发点，建立其与其他学科的横向联系，并通过教师的启发诱导帮助学生把所学知识融会贯通。在教师的引导下，学生通过不同学科的交叉渗透对知识形成整体性和系统性的认知，有利于开阔学生视野，增进学生对知识的理解和掌握，增强学生的独立思考能力、分析能力以及解决问题的能力，提升学生的综合能力，为其人生发展奠定坚实的基础。

（二）有利于拓宽教师知识面，促进教师专业发展

在传统教学体系下，教师往往只专注于本学科知识的教学和研究，对学科外知识较少涉猎，这导致教师知识面狭窄，也使其实际教学能力受到制约。实施跨学科教学可以促进教师不断去学习新的知识和新的教学技能，且能促进学科之间的交流和碰撞，拓展教师的教学视野，促进教师自身的专业发展和综合素质不断提高。

（三）促进双新工作的落实

《义务教育课程方案和课程标准（2022年版）》明确要求：加强课程综合、注重关联，"注重学生在真实情境中综合运用知识解决问题的能力。开展跨学科主题教学，强化课程协同育人功能"。跨学科主题学习推动各门课程自觉站在整体育人的高度，重新看待本门课程在整体课程体系中的地位与作用，自觉联系其他学科，

从而实现学科课程的综合化;推动各科教师改变各自为政的局面,促使教师在教学设计、作业布置等方面自觉协商与协调,实现协同育人。

总之,跨学科主题学习既基于学科学习又主动跨界,既基于学科本位又融合多学科所长,既基于课堂内外又联结社会生活,是全面贯彻党的教育方针,落实立德树人根本任务,发展素质教育的重要课程体系。教育者要大胆探索、深入实践,在不断尝试与总结中形成更多可视化的、有价值的学习成果,让跨学科主题学习在新课程改革中落地生根。

课例《首钢滑雪大跳台及周边场地再利用》

杨薇　庞娜

课程基本信息（表1）

课程类别	校本课程	课程名称	首钢课程
单元（或主题）名称	首钢滑雪大跳台及周边场地再利用	本课主题	方案设计及绘制设计图
学段	小学中段	年级	三年级
整合课程内容	综合实践、美术、语文		

教学设计参与人员（表2）

项目	姓名	单位	学科
设计者	杨薇、庞娜	电厂路小学	综合实践、语文、美术
实施者	杨薇、庞娜	电厂路小学	综合实践、语文、美术
指导者			
其他参与者			

"首钢滑雪大跳台及周边场地再利用"指导思想与理论依据（表3）

（一）指导思想

皮亚杰关于建构主义的基本观点：儿童是在与周围环境相互作用的过程中，逐步建构起关于外部世界的知识，从而使自身认知结构得到发展的。儿童与环境的相互作用涉及两个基本过程："同化"与"顺应"。同化是指个体把外界刺激所提供的信息整合到自己原有认知结构内的过程；顺应是指个体的认知结构因外部刺激的影响而发生改变的过程。也就是说跨学科主题学习要以学生的已有经验和基本知识、基本技能为指导基础，以学生最近发展区为教学着力点，通过对学生有针对性的指导，提高学生的核心素养。

（二）理论依据

《义务教育课程方案和课程标准（2022年版）》强调：加强课程内容与学生经验、社会生活的联系，强化学科内知识整合，统筹设计综合课程和跨学科主题学习。加强综合课程建设，完善综合课程科目设置，注重培养学生在真实情境中综合运用知识解决问题的能力。开展跨学科主题教学，强化课程协同育人功能。

《中小学综合实践活动课程指导纲要》指出综合实践课程强调学生综合运用各学科知识，认识、分析和解决现实问题，提升综合素质，着力发展核心素养，特别是社会责任感、创新精神和实践能力。

《义务教育艺术课程标准（2022年版）》要求聚焦审美感知、艺术表现、创意实践、文化理解等核心素养，围绕欣赏（欣赏 评述）、表现（造型 表现）、创造（设计 应用）和联系、融合（综合 探索）类艺术实践活动，以任务驱动的方式遴选和组织课程内容。

《义务教育语文课程标准（2022年版）》要求语文课程应引导学生热爱国家通用语言文字，在真实的语言运用情境中，通过积极的语言实践积累语言经验，体会语言文字的特点和运用规律，培养语言文字运用能力；同时，发展思维能力，提升思维品质，形成自觉的审美意识，培养高雅的审美情操，积淀丰厚的文化底蕴，继承和弘扬中华优秀传统文化、革命文化、社会主义先进文化，增强对习近平新时代中国特色社会主义思想的理解和认识，全面提升核心素养。

根据以上文件精神，在校本课程"首钢课程"中实施跨学科主题学习，结合课程内容，选择综合实践、语文和美术学科进行跨学科主题教学，让学生在首钢滑雪大跳台及周边场地再利用设计的真实情景下，综合运用多学科知识和技能解决实际问题，提高学生的语言运用、艺术表现和问题解决等能力。

"首钢滑雪大跳台及周边场地再利用"教学背景分析(表4)

一、单元(或主题)教育教学价值说明

(一)社会价值分析

2022年北京举办第二十四届冬奥会,首钢园中的滑雪大跳台成为世界首座永久性保留和使用的滑雪大跳台场馆,它是一个创举,对于这个创举如何被充分利用、发挥其价值是冬奥组委和石景山区都需要思考的问题。学生作为石景山区的一员,见证了首钢滑雪大跳台的建立,在感到光荣的同时,也在积极地关注和参与冬奥会。在后冬奥时代,面对首钢滑雪大跳台如何再利用这个问题,学生能够积极思考,贡献自己的一份力量,为培养学生热爱家乡、参与家乡建设的情感提供了有利的支点。

(二)跨学科主题学习的价值

从教学模式角度看,跨学科主题学习通过核心问题引导学生进行自主探究,引导学生在探究的过程中合理运用多学科知识,能够充分让学生参与实践活动。与传统课堂教学相比,跨学科主题学习将真实情景和技术引入课堂当中,在学习过程中引入了多学科学习内容,通过联系不同学科知识解决真实问题,提高学生解决问题能力。除此之外,在跨学科主题学习过程中鼓励学生进行批判性思考、独立工作、展示运用所学技能,养成终身学习的习惯,在实践中学习、运用、创新,提高学生的综合素质。

二、教学内容分析及课时分配

(一)教学内容分析

"首钢滑雪大跳台及周边场地再利用"主题共设计11个课时,学生的学习过程主要经历三个阶段:

第一阶段(准备阶段):3个课时。学生明确活动主题,集体进行头脑风暴,思考首钢滑雪大跳台可以设计哪些活动进行再利用,明确活动方案设计的基本步骤。学生搜集资料,了解滑雪大跳台的基本信息和其他优秀方案,进行分享交流。

第二阶段(实践阶段):7个课时。在资料整理的基础上,学生分组对首钢滑雪大跳台及周边场地的再利用进行活动设计,包含活动内容、器材、设计理由、安全性分析等;再利用方案完成后进行设计图制作、模型制作,直观地呈现设计结果。

第三阶段(展示阶段):1个课时。学生自述与自评,生生互评,教师评价,作品改进与优化。

(二)单元课时分配

续表

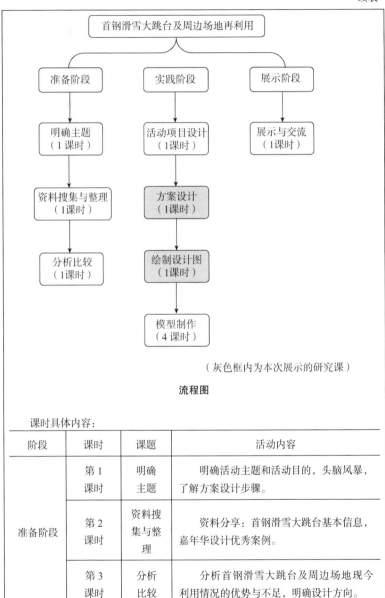

（灰色框内为本次展示的研究课）

流程图

课时具体内容：

阶段	课时	课题	活动内容
准备阶段	第1课时	明确主题	明确活动主题和活动目的，头脑风暴，了解方案设计步骤。
	第2课时	资料搜集与整理	资料分享：首钢滑雪大跳台基本信息，嘉年华设计优秀案例。
	第3课时	分析比较	分析首钢滑雪大跳台及周边场地现今利用情况的优势与不足，明确设计方向。

续表

实践阶段	第4课时	活动项目设计	结合首钢滑雪大跳台及周边场地进行活动项目设计,形成活动项目一览表。
	第5课时	方案设计	结合活动项目一览表,选择相应的活动,合理安排场地,形成项目方案。
	第6课时	绘制设计图	小组根据项目方案绘制设计图,先进行场地划分,再放置项目场景图和人物元素图,形成设计稿。
	第7—10课时	模型制作	根据设计稿,利用软泥,完成首钢滑雪大跳台及周边场地再利用模型制作。
展示阶段	第11课时	展示与交流	模型作品展示、交流。

三、学生情况分析

学校是全国奥林匹克冰雪示范学校,是北京市第一个冬奥社区的辖区学校,和首钢的距离非常近,学生多次走进首钢园区进行实践活动,对首钢园区较为熟悉。经过调查,全班24人,有15人在假期中走进首钢园,参与过冰雪汇活动,大部分同学对游艺设计非常感兴趣,愿意尝试设计。

9岁的三年级学生,想象力丰富,对生活、对周围事物有高度的热情,愿意参加实践活动。但学生对方案设计的认识不足,虽具有大量的想象力,但缺少科学判断方法,需要教师指导学生如何搜集、整理合适的资料,如何分析方案的优势与不足,如何结合实际情况科学设计活动方案等。

"首钢滑雪大跳台及周边场地再利用"教学目标(表5)

主题教学目标:

1. 综合运用语文、综合实践等知识,掌握收集资料的基本方法,初步尝试独立搜集资料,并通过合作完成资料整理。

2. 综合运用语文、综合实践等知识,能够初步分析方案的优点与不足,并形成简单报告,培养批判性思维。

续表

3. 能够根据学习单完成方案设计，绘制精美设计图，并进行理由说明。

4. 能够结合实际情况，选择合适的材料、颜色进行模型制作，提高审美意识，培养审美情趣。

5. 能够通过小组合作完成方案设计汇报，包括制作汇报文稿、撰写汇报内容等，提高合作交流、语言表达、审美创造能力。

学科单元教学目标：
综合实践：

1. 通过小组合作完成首钢滑雪大跳台再利用的方案设计，提高学生的合作与交流意识，在设计过程中，把自己对家乡、对祖国的热爱与自豪之情表达出来，提高热爱家乡、热爱祖国之情，树立正确的价值观。

2. 小组合作过程中，能够完成自己的任务，为小组贡献自己的力量。遇到问题时，学会与他人正确交流，懂得通过交流解决问题。首钢滑雪大跳台及周边场地再利用的方案设计是为提高首钢园区的服务属性，提高家乡地标性建筑的利用率，通过本活动提高学生的家乡责任感。

3. 能够初步分析出在首钢滑雪大跳台以及现利用情况的优势与不足，在提优减负的基础上设计活动项目、活动设施等，提高规划统筹能力。

美术：

1. 通过比较石景山游乐园、首钢园·冰雪汇等游艺场地的设计，提高对社会生活中艺术形象、风格意蕴的感知能力。

2. 在设计图绘制时，能够结合方案设计及绘画技巧进行艺术表现，提高审美情趣。

3. 在活动项目设计时，结合实际生活及自己的联想进行趣味化设计，通过绘画的形式进行表达，提高艺术表达能力。

语文：

1. 在活动中关注并参与首钢滑雪大跳台及周边场地再利用的设计，加深对中华文化的理解与认同，提高文化自信。

2. 运用国家通用语言文字分享作品设计，更加了解国家通用语言文字的特点和规律，提高在具体语言情境中有效交流沟通的能力。

3. 在资料搜集与整理、整体活动设计等过程中会运用到分析比较、归纳判断等方法，提高学生批判性思维、创造性思维，养成积极思考的习惯。

4. 在阅读资料和展示表达阶段，感受、理解语言文字的含义，并提高运用语言文字表达作品美好的能力。

"首钢滑雪大跳台及周边场地再利用"的教学过程设计（表6）

课时	课题	主要教学过程	评价目标	作业
第1课时	明确主题	一、学生分享假期到首钢园游玩的经历 二、提出本次活动主题，学生交流自己的感受 三、明确活动目的，围绕目的头脑风暴 四、初步了解方案设计步骤	学生能够在交流时发表自己的感受，围绕主题积极思考。	完成"资料搜集"学习单
第2课时	资料搜集与整理	一、资料分享：首钢滑雪大跳台基本信息，嘉年华设计优秀案例 二、讲授资料搜集的方法，现场再次上网查阅资料 三、讲授资料整理的方法，学生进行资料整理 四、总结	学生能够有目的地搜集、整理需要的资料。	完成"资料搜集"和"资料整理"学习单
第3课时	分析比较	一、出示首钢园·冰雪汇的资料，学生阅读 二、学生交流冰雪汇的优势与不足 三、对交流结果进行汇总，并提出解决方法 四、总结	学生能够积极思考，结合实际情况表达出对冰雪汇的想法。	完成"分析比较"学习单
第4课时	活动项目设计	一、明确活动设计原则 二、头脑风暴交流想法 三、学生独自进行一个项目的详细设计，包含项目名称、项目内容、项目设计图和项目准备 四、总结，形成活动项目一览表	每位学生都能够结合滑雪大跳台完成一个活动项目设计。	完成一份活动项目设计

续表

第5课时	方案设计	一、回顾前期活动 二、首钢滑雪大跳台整体方案设计 三、方案交流与分享 四、总结	每组完成一个方案设计。	完成"方案设计"学习单
第6课时	绘制设计图	一、场地划分 二、场地设计 三、完成设计图 四、交流与分享	了解设计图的绘制步骤，能够说明设计理由。	每组完成一个设计图
第7—10课时	模型制作	一、前期活动回顾 二、认识软泥，学习软泥制作方法 三、学生尝试制作，教师巡视 四、教师结合学生制作问题进行集体辅导 五、小组合作完成模型制作	小组完成模型作品、每个人都积极参与到模型制作中。	每组完成模型制作
第11课时	展示与交流	一、回顾前期活动 二、小组展示作品 三、小组交流建议 四、修改提升	每个人都能够进行展示发言，针对作品进行质量评价。	修改完善作品

"首钢滑雪大跳台及周边场地再利用"学习效果评价及作业设计（表7）

（一）学习效果评价

"首钢滑雪大跳台及周边场地再利用"主题学习评价主要包含过程性评价和终结性评价。过程性评价主要包含学生的课堂表现和学习单完成情况。终结性评价主要指对每组的作品进行评价。

续表

过程性评价：			
评价维度	评价内容	评价结果（本人及同组同学进行评价）	
		本人评价	同学评价
参与度	按时上课，按时完成任务，能够参与到课堂中的每一个活动。	☆☆☆☆☆	☆☆☆☆☆
积极度	在课堂中积极举手，乐于发表自己的想法；在小组活动中能够承担一定的任务。	☆☆☆☆☆	☆☆☆☆☆
完成度	能够认真、仔细完成每一个学习单。	☆☆☆☆☆	☆☆☆☆☆

终结性评价：		
评价维度	评价内容	评价结果（四个小组分别进行打分，每项10分，最终成绩取平均分）
完整度	作品全部完成，不缺少零件。	
美观度	作品颜色搭配合理，布局美观。	
实用度	项目活动设计合理，能够较好地利用空间。	
表现度	讲解清晰，能够表达设计意图。	
特色度	作品有不同于其他人的特色点。	
最终得分		

（二）作业设计

本主题单元作业主要采用学习单的形式呈现，11个课时中共需完成4个学习单、1份活动项目设计、1份方案设计、1份设计图和1份模型作品。

"首钢滑雪大跳台及周边场地再利用"教学特色分析（表8）

1. 创设真实情景，构建真实学习

主题活动是基于一个真实的需求，为学生搭建一个真实的情景，让学生能够解决实际生活问题，首钢园区是学生熟悉的活动场所，也是2022年北京冬奥会举办的重要地之一，首钢滑雪大跳台再利用设计活动能够激发学生的主人翁意识，提高学生热爱家乡的情感，在这种感情下，学生开展真实的学习，整个活动过程中以学生的活动为主，以教师的指导为辅。

2. 设计学习任务，让活动有支点

活动实施时，将任务目标对应拆解成多个小任务，通过多个学习单的支撑，引导学生逐渐完成学习、理解、思考、实践、反思的全过程。脚手架不仅是帮助学生完成任务，更是一种方法的指导，通过阅读、填写、反思学习单内容，帮助学生掌握思考的方法。

3. 多门学科联动，提高综合素养

在实践活动中，教师引导学生主动运用多门学科知识分析解决实际问题，使学科知识在综合实践活动中得到延伸、综合、重组与提升，加深拓展学生解决实际问题的能力，提高学生的综合素养。

以下请从单元整体设计中精选一个课时（40或45分钟），详细描述该课时的教学目标、教学重难点和教学过程。

第5课时方案设计的教学目标、教学重点和难点（表9）

教学目标：

1. 能够通过合作选择适合在首钢滑雪大跳台及周边场地实施的活动项目，并简单说明理由。（重点）
2. 能够倾听他人发言并进行简单点评，说出优点或问题。
3. 知道方案设计的基本项目，并进行填写。（难点）

第5课时方案设计 教学过程（表10）

教学阶段	教师活动	学生活动	设计意图
一、回顾前期活动	1.通过活动流程图回忆已完成的活动 准备阶段 → 设计阶段 → 模型阶段 → 展示阶段 1.搜集资料　　4.活动设计　　6.模型制作　　7.模型展示与讲解 2.整理资料　　5.整体设计　　　　　　　　8.交流分享与改进 3.分析比较 （1）活动共分为四个阶段：准备阶段、设计阶段、模型阶段和展示阶段，目前已完成资料搜集与整理，简单分析了首钢园·冰雪汇活动的优势与不足。 （2）在首钢园·冰雪汇活动的优势与不足分析结果上进行了活动设计。 2.谁能给大家分享下你设计的项目？讲清楚项目名称、项目内容以及设计原因。	学生分析首钢园·冰雪汇优势与不足。 学生分享设计项目。 例： 项目名称：冰上攀爬 项目内容：制作一面冰墙，上边有冰柱作为攀爬支撑点，参与人员戴防滑手套、穿防滑袜，下面准备蹦床，如果不小心从冰墙上摔到蹦床上也不会受伤。如果害怕也可以套上安全锁链进行攀爬。 设计原因：喜欢做攀爬项目，如果能把攀爬和冰结合可能更有趣。	帮助学生梳理活动流程，提高学生有条理解决问题的能力。 提高学生表达自我的能力。

续表

3.出示活动项目一览表

编号	项目名称	项目内容	准备
	活动项目一览表		
1	趣味滑水	三人在水流的推动下同时坐着水圈从滑雪大跳台顶端滑下,最先滑下来的人获得小奖品。	水圈(泳圈上面加个固定腰带)、游泳衣或一次性雨衣
2	创意冰洞	包含12种创意手工,门口抽号,抽到哪个号就参与完成哪种手工制作,还可以从冰洞屋顶滑下来。	自制材料、冰洞
3	雪上CS	6人分成两队,活动开始前自行用雪或者草做障碍物,互相用玩具枪射击,10分钟内得分最多的队伍获胜。	玩具枪、大量的雪或草
4	冰地迷宫	冰地迷宫分为三部分,第一部分是迷宫,第二部分是适合2—5岁玩的雪池,第三部分适合8—20岁玩的鬼楼寻宝。	大量的雪、冰场迷宫、鬼屋装饰
5	激流雪进	把滑雪大跳台分成两条雪道,中间用海绵间隔,参与者可以坐雪圈滑下。	雪圈
6	冰上攀爬	制作一面冰墙,上边有冰柱作为攀爬支撑点,参与人员戴防滑手套、穿防滑袜,下面准备蹦床,如果不小心从冰墙上摔到蹦床上也不会受伤。如果害怕也可以套上安全锁链进行攀爬。	防滑手套、防滑袜、蹦床、带冰柱的冰墙、安全锁链

冰上攀爬示意图

续表

7	堆雪人	在一大块雪场里，可以自由堆自己喜欢的雪人，并配上装饰，与之合影。	大量的雪，雪人鼻子、眼睛、围脖等装饰品		
8	高空滑草	在滑雪大跳台上铺上厚厚的草，参与者可以坐小车滑下来。	大量的草，小车		
9	冰上拔河	6人分两队，穿旅游鞋，开始前测量体重，开始后两方队员同时用力，旗子偏向哪边即为胜。	体重秤、绳子、冰、旗子、梯子		
10	……	……	……		
二、活动方案设计	1.观察首钢园·冰雪汇图片，思考方案设计需要考虑哪些方面。 2.出示石景山游乐场和首钢园·冰雪汇项目图片，分别设计了多少个项目？为什么项目数量不一样？和什么有关？ 3.如何选择项目？ （1）这些项目有什么区别？ （2）你想如何安排这些活动项目呢？		学生：项目数量、区域划分…… 学生：石景山游乐场设计了29个项目，首钢园·冰雪汇设计了12个项目。项目数量和场地大小有关。 按照季节分类：可冬天进行的、可夏天进行的、可四季进行的。 按照场地大小分类：场地需要面积较大的、场地需要面积较小的。 按照适合对象分	学会借鉴思想，能够运用多种方法解决问题。

续表

二、活动方案设计	4.学生完成方案学习单填写。 **方案设计** 什么是方案设计呢？ 方案设计需要把设计背景、设计内容、设计人都写清楚。 _____ **方案设计** 设计背景：首钢滑雪大跳台是世界首座永久保留和使用的滑雪大跳台场馆，在后冬奥时代，我们应该思考如何利用好首钢滑雪大跳台，设计具有特色和趣味性的活动，让更多人能够享受滑雪大跳台的乐趣。 设计内容： （一）划分区域 我们打算把滑雪大跳台区域划分为_____部分，分别是_____区、_____区、_____区。 （二）选择项目 我们打算在滑雪大跳台及周围设计_____项活动，我们选择这个数量的原因是_____。 具体项目包括： |		
---	---	---
		| 在项目选择上，我们考虑到活动对象要兼顾_____，活动场地要_____。	类：儿童、青少年、成人。 根据上述资料，小组讨论并完成方案填写。	培养系统思考的习惯，能够运用学习单呈现思考结果。
三、方案展示交流	1.小组分享方案，说清楚活动项目的分区、项目内容和设计原因。 2.小组修改"方案设计"学习单。	学生交流"方案设计"学习单。 其他组同学提出疑问和建议。	培养思辨能力，能够倾听他人发言，并提出自己的想法。

第6课时 绘制设计图（美术） 教学目标、教学重点和难点（表11）

教学目标：
1.引导学生学会合理规划活动场地，激发创新灵感。
2.指导学生用图形概括的方法确定活动场地形状。
3.首钢滑雪大跳台及周边场地的再利用。（重点）
4.活动场地的合理规划。（难点）

第6课时 绘制设计图（美术）教学过程（表12）

教学阶段	教师活动	学生活动	设计意图
一、回顾前期活动	对滑雪大跳台场地有了一定了解，那我们应该如何合理设计场地呢？	自由发言。	通过谈话导入新课，加强师生之间的交流。
二、活动方案设计	一、确定活动项目 二、进行区域划分 1.场地大小 欣赏图片：不同的运动项目对场地的要求不同，场地大小也不同。请你来说一说，不同的活动项目场地有哪些不同呢？ 2.场地形状 拔河、冰球这两项运动场地虽然也可以概括为长方形，但相比之下场地更加细长。踢毽子、跳皮筋、抖空竹这些活动项目，根据参与人数的不同，也可适当扩大或缩小范围，运动场地形状没有限制，也有更多选择。 请概括你了解的运动场地形状。	学生根据课前查阅的资料进行简单介绍。 学生思考后回答。	通过观察图片，直观了解场地形状。 运用图形概括的方式确定场地形状。

续表

二、活动方案设计	3.场地分区 请你想一想，场地除了活动区域还可以有什么区域呢？ 教师总结：运动区+观赏区+休闲区。 以运动场地为主，确定各项活动场地后，可适当添加休闲区或观赏区。休闲区可合理结合在活动场地周围。 三、检验合理性，进一步划分场地 运动场地区域之间的结合，可适当融入休闲区或观赏区，使区域之间更有连接性。 四、选择颜色进行搭配 不同颜色给人的感觉也是不同的。 1.看到红色你能联想到什么？ 红色象征着：热烈、喜庆、幸福、警觉、危险…… 2.看到绿色你能联想到什么？ 绿色象征着：平静、安全…… 3.看到蓝色你能联想到什么？ 蓝色象征着：纯净、理想、永恒…… 4.看到黄色你能联想到什么？ 黄色象征着：光明、希望、愉快…… 大家在创作的过程中，要合理地利用色彩的象征性，把颜色恰当组合，以表达自己的情感。	如：跑道——环形；拔河——长方形；羽毛球——长方形等。 学生思考后回答。 小组合作完成场地划分。	明确场地形状及功能性，为后面设计分区提前做准备。 了解颜色的象征性，为颜色的选择做铺垫。

37

续表

二、活动方案设计	下面请同学们对本组的活动场地进行分区。学生进行小组合作。 五、利用对应的元素进行装饰 对已经分好区域的场地，如何更直观地让参与者确定自己应该到哪块区域进行活动？可以在上面添加对应的元素。如滑冰场就会想到滑冰鞋、滑冰的人、冰车、滑冰车的人、雪花等。篮球场会想到：篮球、篮筐、打篮球的人。足球场会想到：足球、足球门、踢球的人、球衣、球鞋等。沙地会想到沙子、沙雕、铲子、小桶、堆沙子的人。人们也可以在沙地上玩沙滩排球，进而想到跳跃的人、接球的人、排球等。 六、检验 场地设计需注意： ● 活动项目场地的大小及合理性 ● 人物、元素不要过于繁杂 ● 元素丰富多样，大小不一 场地设计形式多种多样，每个人都有不同的想法，请开动你的脑筋，以小组为单位完成本组的运动场地设计吧。	各组学生根据自己的需求大胆实践，完善首钢大跳台周边活动区域设计图。	通过前期所学对场地进行设计，对场地进行合理规划。 通过评价完善设计思维，让学生充分发表自己的观点，锻炼其语言表达能力。
三、方案展示交流	展示设计图 请"你"来带领大家游览你设计的活动场地吧！		活动区域设计图突出实用性，让学生能进一步体会设计与生活的关系。

课例《模拟首钢园定向越野》

于艳君　张蕊　丁筱

课程基本信息（表1）

课程类别	跨学科主题学习	课程名称	模拟首钢园定向越野
学段	水平二	年级	四年级
整合课程内容	语文 英语 体育		

教学设计参与人员（表2）

项目	姓名	单位	学科
设计者	于艳君 张蕊 丁筱	电厂路小学	语文 英语 体育
实施者	于艳君 张蕊 丁筱	电厂路小学	语文 英语 体育

单元（或主题）指导思想与理论依据（表3）

模拟首钢园定向越野跨学科学习依据《义务教育课程方案和课程标准（2022年版）》，坚持"健康第一"教育理念，注重"学、练、赛"一体化教学，培养学生运动能力、健康行为、体育品德的学科核心素养。

《义务教育语文课程标准（2022年版）》指出，根据学生需求组织学习活动，引导学生在完成任务、解决问题的过程中积累语文学习经验，发展未来学习和生活所需的基本素养。

《义务教育英语课程标准（2022年版）》指出，英语课程应本着"学用结合、课

续表

内外结合、学科融合"的原则,开展英语综合实践活动,把学生的学习从书本引向更广阔的现实世界。

维果斯基的"最近发展区理论",认为学生的发展有两种水平:一种是学生的现有水平,指独立活动时所能达到的解决问题的水平;另一种是学生可能的发展水平,也就是通过教学所获得的潜力。两者之间的差异就是最近发展区。教学应着眼于学生的最近发展区,为学生提供带有难度的内容,调动学生的积极性,发挥其潜能,超越其最近发展区而达到下一发展阶段的水平,然后在此基础上进行下一个发展区的发展。

跨学科融合一直是学生提高运动能力、学习健康知识和传承中华优秀传统体育的重要方式和途径。本节课中体育与健康课程融合语文、英语等课程,充分发挥育人功能,促进学生全面发展。

单元(或主题)教学背景分析(表4)

一、单元(或主题)教育教学价值说明

模拟首钢园定向越野作为新兴体育类运动项目在增进学生对地域体育文化的了解,激发学生的求知欲与探索欲、好奇心与冒险精神等方面具有独特的育人价值。学生在自然场地进行定向运动,具有较强的挑战性、探险性及结果的不可预测性,有利于促使学生运用多学科的知识与技能,提高应对各种突发事件的能力。

引导学生在语文实践活动中联系课堂内外、学校内外,拓展语文学习的广度和运用领域,围绕学科学习、社会生活中有意义的话题,开展阅读、梳理、探究、交流等活动,在综合运用多学科知识发现问题、分析问题、解决问题的过程中,提高语言文字运用能力。

二、教学内容分析及课时分配

单元主题:模拟首钢园定向越野

本单元内容围绕"模拟首钢园定向越野"这一主题展开,融合语文、英语和体育多学科,涉及四个课时。

语文学科教学内容为带领学生阅读有关首钢园的语篇,制订游览计划,绘制定向越野路线图。英语学科主要学习首钢园景观的英文表达,以及有关点餐的英语口语交际。

体育学科紧密结合三、四年级小学生的身心发展特点,采用游戏的方法进行"跑"的教学,避免枯燥的练习。将首钢园"定向越野"与发展跑的能力练习和游戏内容相

续表

结合，将校园模拟为"首钢园"，将部分地标作为定向点，根据学校的器材情况，丰富游戏内容，激发学生练习兴趣，使小学生在游戏化的氛围中，忘却或推迟疲劳的出现，从而获得奔跑的动作体验，促进奔跑能力的发展与提高。

本单元各课围绕单元主题展开，各课之间既相对独立，又相互关联。

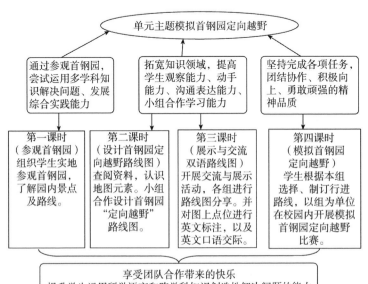

本次课讲授第三课时，即展示与交流双语路线图。

三、学生情况分析

本次授课班级是四年级（2）班，男生12人、女生10人，学生纪律性较好，学习专注。学习内容是围绕生活中发生的问题展开的。基于之前的学习，学生已经具备了一定的学习经验。

学生思维比较活跃，在进行语文教学中要注意引导学生能够利用关联的方法，借助课文中的学习经验进行设计交流。四年级上学期学习过点餐情境的英语口语表达，为完成定向越野任务奠定了基础。本班学生有较强的意志力和团队协作能力，部分学生下肢力量较弱。学生从水平一开始就进行了快速跑的学习，初步掌握了基本技术动作，利于学生对本课"定向越野"的学习。通过前期对跑的学习，少部分学生在身体协调性、灵敏性和腿部力量等方面有待加强，需要在接下来的学习中给予关注。

单元（或主题）教学目标（表5）

一、单元教学目标

（一）在真实的情境中提高语言运用能力，在定向越野活动中有效交流沟通。通过指导学生阅读首钢园定向越野的中英文材料，体会语文和英语学科的工具性。综合运用语文、英语等知识，了解首钢园和定向越野的相关知识，学习并掌握定向运动技能，提高心肺耐力、肌肉力量、肌肉耐力、协调性和平衡能力等体能。

（二）通过阅读、分析、比较不同的材料用以提高学生的思维能力，学习英文标注与提高口语交际能力，提高计划与设计、组织与协调、沟通与表达、决策与反思等能力。

（三）通过开展模拟首钢园"校园定向越野"，增强学生对定向运动的兴趣，锤炼团结协作、勇于挑战的精神品质，培养学生的合作学习能力和团队精神。

二、学科单元教学目标

（一）语文学科：

1.根据不同的阅读目的筛选阅读材料。

2.从各种相关材料中提取重要信息，完成首钢园路线图的设计。

3.对材料中的重要信息进行整合，并搜集相关资料进行讲解。

4.完成模拟首钢园定向越野路线图。

5.能借助文中表示地点转换的语句、过渡句叙述"校园定向越野"路线图的顺序。

（二）英语学科：

1.能够理解、朗读及运用首钢园景点的英文表达，如：首钢滑雪大跳台（Big Ski Jumbo Shougang），首钢秀池（Shougang Xiuchi）等。

2.能够运用"What would you like to have？""I'd like…"句型进行模拟点餐的场景。

3.能够理解并朗读简单的首钢园介绍及冬奥运动项目的英文表达，如：It's round. It's played on ice. What sport is it?

（三）体育学科：

1.能够说出定向运动的基本术语，知道定向运动的起源与发展、基本健身价值。能够用正确的身体姿势跑步，发展学生速度、力量和灵敏性等身体素质，提高身体协调性、灵活性、发展奔跑能力，促进心肺功能提高。

2.能独立或与同伴合作完成定向越野任务，情绪比较稳定，积极与同伴交流；知道安全防护等基础知识，能在活动之前检查器械与场地安全，认真做好准备活动，

续表

初步形成安全运动的行为习惯。

3.能积极主动参与定向越野的游戏活动，体验活动的乐趣，遵守活动的规则，表现出勇敢顽强、不怕苦和累、坚持完成任务的良好品质；表现出文明礼貌、团结合作的行为，能接受比赛的结果。

单元（或主题）教学过程设计（表6）

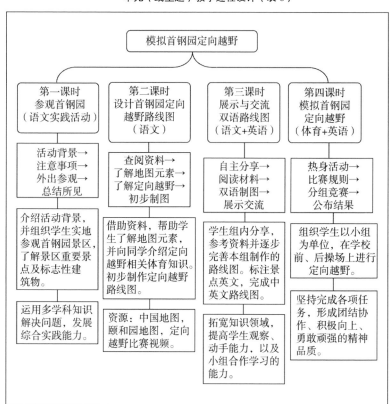

模拟首钢园定向越野的学习效果评价及作业设计（表7）

一、学习效果评价

教师在活动实施过程中，通过随时观察、提问及与学生交流，评价、反馈学生学习任务的完成情况。

检视学生阅读语篇后完成路线图绘制的情况。

观察学生以小组互助的方式交流制订路线的情况。

观察学生中英文景点介绍互译的过程。

观察学生以小组协作的方式完成定向越野任务的情况。

教师通过对上述学习活动的观察，及时了解学生的学习收获与困难，进行具体的、有针对性的指导。在该活动的总结阶段，教师引导学生借助学习评价单进行自我反思，总结学习收获，发现自己的成长与进步。

【学习评价单】

评价内容	
1.我能读懂关于首钢园、地图的语篇。	☆☆☆
2.我能与同学合作制作定向越野路线图及阐述路线制订的原因。	☆☆☆
3.我能用英文介绍路线图上的点位。	☆☆☆
4.我能在定向越野活动中遵守游戏和比赛规则。	☆☆☆
5.我能运用所学知识积极与同学沟通交流、团结合作，共同完成任务。	☆☆☆

二、作业设计

模拟首钢园定向越野

第一课时 参观首钢园	第二课时 设计路线图	第三课时 展示与交流双语路线图	第四课时 模拟首钢园定向越野
1.课前作业：你去过首钢园吗？能说出园内的景点或建筑物吗？ 2.课中作业：参观途中，记录首钢园的重要景点及路线。 3.课后作业：小组成员交流及总结参观后的经验和感受。	1.课前作业：查阅各种地图资料。 2.课中作业：①认识、运用地图上的元素。②了解定向越野的规则。 3.课后作业：初步制作定向越野路线图。	1.课中作业：①各组向全班同学展示路线图，相互借鉴。②用英文标注路线图上的点位。③角色扮演快餐店点餐情境。 2.课后作业：进一步完善各组的路线图。	1.课前作业：①保证充足睡眠。②准备适合跑步的运动鞋。 2.课中作业：①跑步前做热身运动。②全班同学分组进行定向越野比赛。

本单元（或主题）教学特色分析（300—500字）（表8）

本单元将校园模拟为"首钢园"情境开展"定向越野"比赛，为学生布置了开放性的学习任务，倡导学生通过团队合作来完成。前期学生通过参观首钢园，学习和了解定向越野的相关知识，制订路线图，学习英语口语交际等对首钢园的地理位置、著名景点、景观及路线等有了初步的认识，以小组合作的方式进行交流与展示，本单元主要结合语文、英语、体育等学科知识，引导学生完成模拟首钢园"校园定向越野"，培养学生综合素质与解决问题的能力，促进学生全面发展。

第三课时（展示与交流双语路线图）的教学目标、教学重点和难点（表9）

（一）教学目标
1.能在定向越野活动中有效交流沟通，对材料中的重要信息进行整合及讲解，提高语言运用能力。
2.能够用英文描述路线图上的点位，能用英文模拟点餐情境，提高学生的语言表达能力。

（二）教学重点和难点
1.教学重点
提取材料中的信息，完成模拟首钢园"校园定向越野"路线图；越野路线图上重点点位的英文表达。
2.教学难点
将材料中的信息进行整合表达；展示中英文版越野路线图。

第三课时（展示与交流双语路线图）的教学过程（表10）

教学阶段	教师活动	学生活动	设计意图
1.导入部分（3分）	活动： 发出邀请，揭示模拟首钢园"校园定向越野"活动。	活动： 欣赏春天的美丽景色。	本活动通过让学生猜不同景点的名称，引发学生对首钢园知识的兴趣；通过让学生谈首钢园，唤起学生的生活经验、阅

续表

			读经验,为顺利进入新课程做好铺垫。
2.学习过程（55分）	活动1: 阐述要求; 引导学生说一说首钢园景观的名称; 出示评价要求。	活动1: 看示意图,说出获取的信息。观赏著名的景物图片,并读景点的名称。 小组讨论、展示游览路线。学生提出意见,对不合理的地方进行修改。	本活动着眼于整体,学生默读、概括两份材料的主要内容,并在比较中发现不同类型材料的优势和作用。将两份不同文体、不同侧重点的材料放在一起,会使读者对路线图的介绍更加全面。
	活动2: 发放材料。 材料一：双龙洞游览路线图。（直观形象,一目了然） 材料二：颐和园文章材料。（内容丰富,语言准确）	活动2: 回顾任务要求,全面考虑注意事项,交流参加定向越野活动的路线。	在教师指导下,学生仔细阅读分析学习任务,明确了安排定向越野的要点。特别是面对不同的学生,在安排定向越野的路线时要有所区别,体现了实用性阅读与交流学习任务群的特点,将语文知识的学习与生活实际紧密联系在一起。
	活动3: 适时引导; 明确任务要求。 ①设计路线要合理便捷,不走回头路。 ②面对的对象——同学。为同学们制订首钢定向越野路线,侧重点要有所不同。	活动3: 选择阅读材料,交流参加定向越野活动的路线。 ①确定为了完成任务而重点阅读的材料。 ②根据自学提示,自主完成任务。	
	活动4: 出示任务及评价要求; 出示自学提示;	活动4: 交流分享路线图。 ①一组学生展示自己	

续表

2.学习过程（55分）	完善定向越野路线图，可以在材料上标示出过渡句。	设计的路线图。 ②评议所画路线图是否合理便捷。	本阶段学习活动旨在帮助学生进行简单的角色扮演，结合实际创造性地运用所学语言，模拟点餐情境。
	活动5： 引导学生学习首钢园著名景观的英文表达与拼写。	活动5： 学习首钢园景观的英文表达及拼写。	
	活动6： KFC景点，创设情境，引导学生进行模拟点餐场景。 例： -What would you like to have? -I'd like ... -Ok.Is that all for you? -Yes. How much are they? -They are...	活动6： 小组内模拟快餐店内点餐情境。	提高学生的语言运用能力。
	活动7： 引导学生小组展示中、英文版越野路线图。	活动7： 分组展示中、英文模拟首钢园定向越野路线图。	
3.结束（2分）	总结本节课所学，为第四课时做准备。课后可以进一步完善本组的路线图。	尝试总结所学内容。	培养学生养成阶段性总结的习惯。

课例《我为首钢园代言》
（*I Speak for Shougang Park*）

李晨迪　　伊彩文

课程基本信息（表1）

课程类别	校本课程	课程名称	我是小小讲解员
单元（或主题）名称	感受美景与文化	本课主题	我为首钢园代言（*I Speak for Shougang Park*）
学段	小学高段	年级	五年级
教材（如有）	无		
整合课程内容	语文、英语		

教学设计参与人员（表2）

项目	姓名	单位	学科
设计者	李晨迪　伊彩文	北京市石景山区电厂路小学	语文 英语
实施者	李晨迪　伊彩文	北京市石景山区电厂路小学	语文 英语

单元（或主题）指导思想与理论依据（表3）

1. 培育文化意识

本课程坚持"以文化人"，注重"知行合一"，以增强中小学生对民族文化和社会主义核心价值观的认同感和自信心，将中华优秀传统文化的精华要义内化于心、外化于行，使中华优秀传统文化得以弘扬光大，中华传统美德薪火相传。同时坚持素养导向，发展学生综合学习能力，注重知识学习与价值教育的有机融合，发挥每一个教学活动多方面的育人价值。积极开展主题化、项目式学习等综合性教学活动，促进学生举一反三、融会贯通。

2. 立德树人

党的二十大报告再次强调，育人的根本在于立德。全面贯彻党的教育方针，落实立德树人根本任务，培养德智体美劳全面发展的社会主义建设者和接班人。坚持以人民为中心发展教育，加快建设高质量教育体系，发展素质教育，促进教育公平。同时，要增强中华文明传播力影响力。坚守中华文化立场，提炼展示中华文明的精神标识和文化精髓，加快构建中国话语和中国叙事体系，讲好中国故事、传播好中国声音，展现可信、可爱、可敬的中国形象。

3. 认知——发现学习理论

布鲁纳认为，学生不是被动的知识接收者，而是积极的信息加工者。真正的理解只能由学习者自身基于自己的经验背景而建构起来，取决于特定情境下的学习活动过程。

4. 课程标准

《义务教育语文课程标准（2022年版）》指出：语文课程是一门学习国家通用语言文字运用的综合性、实践性课程。工具性与人文性的统一，是语文课程的基本特点。语文课程应引导学生热爱国家通用语言文字，在真实的语言运用情境中，通过积极的语言实践，积累语言经验，体会语言文字的特点和运用规律，培养语言文字运用能力；同时，发展思维能力，提升思维品质，形成自觉的审美意识，培养高雅的审美情趣，积淀丰厚的文化底蕴，继承和弘扬中华优秀传统文化、革命文化、社会主义先进文化，增强对习近平新时代中国特色社会主义思想的理解和认识，全面提升核心素养。

《义务教育语文课程标准（2022年版）》发展型学习任务群中实用性阅读与交流提出：本学习任务群旨在引导学生在语文实践活动中，通过倾听、阅读、观察，获取、整合有价值的信息，根据具体交际情境和交流对象，清楚得体表达，有效传递信息，满足家庭生活、学校生活、社会生活交流沟通，在第三学段的学习内容中强

续表

调：学生学习记笔记、列大纲、写脚本、画思维导图等整理和呈现信息的方法；学习通过口头表述和多种形式的书面表达。基于此，本教学内容充分调动学生搜集、整合资料，观察社会的能力，调动学生学习的积极性，通过列提纲等方式呈现表达，提升学生的口头表达能力。

《义务教育英语课程标准（2022年版）》指出：教师应基于一定的课程目标，以学生的兴趣和直接经验为基础，以与学生学习、生活密切相关的各类现实性和实践性问题为内容，本着"学用结合、课内外结合、学科融合"的原则，开展英语综合实践活动，把学生的学习从书本引向更广阔的现实世界。学生学会用英语讲中国故事，涵养家国情怀，发展语言能力、培育文化意识、提高思维品质和提升学习能力。

根据以上文件精神，在校本课程《首钢课程》中实施跨学科主题学习，结合课程内容，本课时（本单元第11课时）选择语文和英语学科进行跨学科主题教学，让学生在弘扬家乡美景，增强民族自豪感的真实情景下，综合运用多学科知识和技能解决实际问题，提高学生的语言运用及解决问题等能力，从而增强文化自信。

单元（或主题）教学背景分析（表4）

一、单元（或主题）教育教学价值说明

后冬奥时代，石景山区首钢园成为网红又一打卡地。首钢园工业遗址作为区域资源，发挥了重要的作用。它承载着历史，也传承着优秀的中华传统文化。本节课文段中介绍了首钢园的相关内容，将艺术、历史、语文、英语多学科学习融合，帮助学生建构跨学科知识体系。通过学习，在发展学生语言能力和思维品质的同时，为家乡代言，涵养家国情怀，增强文化自信。

1.语文学科核心素养在本主题中的体现。

文化自信：首钢园是百年首钢工业文化的发祥地，为北京以及中华人民共和国的发展作出了巨大贡献，承载着石景山几代人的回忆。学生在活动中通过进入首钢园游览、搜集资料、观察首钢园地图、绘制首钢旅游路线图，加深对家乡石景山的了解与热爱，从而加深对中华文化的理解与认同，提高学生的文化自信。

语言运用：学生通过活动积累、梳理、整合、列提纲等方式整理语言文字，能够在具体的语言情境中有效交流与沟通，感受中华民族语言文字丰富的内涵。

思维能力：学生在资料搜集与整理、旅行路线图设计与修改、讲解首钢园重要景点的过程中会运用分析比较、归纳判断等方法，能够提高学生的批判性思维、创造性

续表

思维，养成积极思考的习惯。

审美创意：在整合资料、列提纲和展示表达阶段，学生能够感受、理解、欣赏、评价语言文字，获得较为丰富的审美经验，能够提高运用语言文字表达美好作品的能力。

2.英语学科核心素养在本主题中的体现。

语言能力：学生在感知、体验、积累和运用等语言实践活动中，形成语言意识，积累语言经验，从而进行有意义的沟通与交流。

文化意识：学生在参与各个实践活动的过程中，能够加深对中华文化的理解和认同，增强家国情怀和人类命运共同体意识，涵养品格，坚定文化自信，提升文明素养和社会责任感。

思维品质：学生能够在语言学习中发展思维，在思维发展中推进语言学习。

学习能力：学生保持学习兴趣，主动参与语言实践活动，学会自主探究，合作互助。

二、教学内容分析及课时分配

本单元教学是根据部编版五年级下册第七单元的内容进行编排。本单元主题是"人与社会"中子主题群"感受美景与文化"。旨在通过本单元的学习，了解中外名胜古迹和中外文化，培养跨文化交际意识，充分体会中华优秀文化的博大精深，激发学生的家国情怀，成为有理想、有担当、有本领的时代新人。

"我是小小讲解员"这一教学内容依托小学语文五年级下册第七单元口语交际进行编排。本次口语交际的话题是"我是小小讲解员"，让学生选择一个情境，为他人进行讲解。"讲解"是解说的意思，即口头上解释说明。教师借助本次口语交际，设计教学情境，展开语文与英语跨学科的综合性学习，既培养了学生搜集信息的能力，也培养了学生语言运用与表达的能力，同时也为学生语文和英语课文的学习奠定了基础。

本单元共安排11课时。各课时时间分配、教学内容和核心素养目标如下：

课时	课题	活动内容	核心素养
1	先导课	明确活动主题和活动目的，进行学生谈话与调查问卷。	问题解决、思维能力、语言运用
2—4	了解首钢园与石景山的关系	资料分享：了解首钢园与石景山之间的关系，运用上网查阅资料与询问家长等方式，了解哪些景	价值体认、责任担当、文化自信、思维能力、语言运用

续表

		点对弘扬首钢文化，进一步弘扬家乡文化有重要作用。	
5—6	观察首钢园地图了解景点分布	资料分享：首钢园与石景山的关系，首钢重要景点的资料搜集与展示。 观察地图，查找重要景点位置并标注。	文化自信、思维能力、语言运用
7—8	导游路线图设计与修改	导游路线图设计：通过查找资料，对首钢重要景点进行导游图路线设计规划，设计与修改。	思维能力、审美创意、审美感知
9—10	完善资料搜集与整理	资料分享：完善导游图中重要的景点资料，进行资料整理，完善线路设计。 资料交流与分享。	文化自信、思维能力、语言运用
11	展示课	我是小小讲解员——首钢小导游	价值体认、文化自信、语言运用

三、学生情况分析

受课的五年级学生，个性活泼，思维敏捷，具备一定的知识储备和搜集资料的能力，本节课将进一步加深对首钢园的了解，实现跨学科知识的融合，增强学生热爱家乡的意识，为家乡代言，涵养家国情怀。

教师课上与学生进行谈话交流并对学生进行问卷调查。

谈话内容即围绕首钢园这一特定内容，结合学校正在开展的后冬奥时代教育，向学生创设情境：

1.冬奥会之后，咱们学校被越来越多的人所熟知，远在外国的朋友想带着他的同学们来和咱们同学进行文化交流访问，除了学校之外，他们还想在周围参观，你想向他们介绍哪些地方？为什么？

预设学生回答：我们想将首钢园介绍给他们，首先是因为首钢园是北京冬奥会的承办场地，在国际上很有名；其次是因为我们经常去首钢园参加冰雪活动，首钢园对我们学校开展冰雪教育起着很重要的作用。

续表

2.很多同学都想将首钢园介绍给远道而来的朋友们,你们对首钢园有多少了解呢?

请完成下面的调查问卷。

问卷主要有以下问题:

(1)请你介绍一下你了解到的三高炉。

通过调查问卷可知,52%的同学并不知道三高炉,34%的同学知道三高炉是炼钢的地方,课上继续追问这部分同学:除了炼钢,你还能展开对三高炉进行详细描述吗?同学们无法进行展开介绍,从调查问卷和课堂交流可以得知,多数同学对首钢的景点没有清晰明确的认知,少部分同学对景点有部分认知,但并不全面。

请介绍一下你了解到的三高炉

- 炼钢的地方 34%
- 不知道 52%
- 高大 14%

(2)我们可以通过什么方法了解三高炉?

通过调查问卷得知,同学们在前期的学习中已经掌握了很多调查方法,比如:上网搜集资料、实地考察等方法,同学们均可以通过不同的调查方法了解到某一处重要景点,这一调查为学生接下来对首钢不同景点的资料搜集起了重要作用。

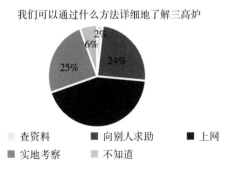

我们可以通过什么方法详细地了解三高炉

续表

（3）如何向远道而来的中外同学介绍首钢园呢？
通过海报宣传或者组织旅行团的方式带领他们走进首钢园。
通过谈话及调查问卷可以看出，学生对首钢园有着很高的认同感与自豪感，愿意将它作为代表性景点介绍给中外的朋友，但是同学们对于首钢园内景点的分布与概述的认识也只是一知半解。通过本次教学活动，不仅可以培养学生查找分析资料、整合运用资料和语言运用的能力，同时还能增加学生对身边首钢园进一步的认识与了解，增强学生热爱家乡的意识。
四、教学准备——信息技术支撑
1.设计有关首钢园区的调查问卷。
2.上网搜集首钢地图。
3.上网搜集首钢主要景点简介（中英文表达）。
4.将搜集的资料进行整理、汇总。
五、应用策略说明
1.利用电脑设备，将各类学习资源展示出来，及时交流探讨；提高课堂互动的趣味性，增强学生学习的专注力。
2.利用图片教学，直观形象化，学生更容易理解；语篇学习注重由浅入深，由易到难，循序渐进学习，符合学生认知规律。

单元（或主题）教学目标（表5）

语文学科：
1.初步了解查找资料、运用资料的基本方法。能够具备简单的搜集、处理、整合资料的能力。
2.通过列讲解提纲，能够按照一定的顺序讲解。
3.通过小组合作介绍首钢的一处景点。
4.学生通过搜集资料，了解首钢，向别人介绍首钢，感受首钢的魅力，进而增强对家乡的自豪感。
英语学科：
1.认读、理解和介绍景点名词，会用英文向他人介绍著名景点，感受世界美景与文化。
2.运用所学英语知识，用英文介绍首钢园概况或某一景点。

单元（或主题）教学过程设计（表6）

课时	课题	主要教学过程	评价目标及任务
1	先导课	一、教师出示情境 二、提出本次活动主题，学生交流自己的感受 三、明确活动目的，围绕目的头脑风暴 四、初步设想方案	评价：学生能够在交流时发表自己的感受，围绕主题积极思考。 作业：查阅相关资料。
2—4	了解首钢园与石景山的关系	一、资料分享：石景山与首钢的基本信息 二、讲授资料搜集的方法，现场再次上网查阅资料 三、讲授资料整理的方法，学生进行资料整理 四、总结查找首钢的前世今生	评价：学生能够有目的地搜集、整理需要的资料。 作业：完成学习单。
5—6	观察首钢园地图了解景点分布	一、观察首钢地图，查找对首钢发展有重要里程碑意义的景点 二、观察首钢园地图，在图中标出景点位置 三、对景点进行筛选，最终确定11个景点	评价：学生能够有目的地搜集、整理需要的资料。 作业：完成学习单。
7—8	导游路线图设计与修改	一、针对景点的不同分布进行导游路线设计（五个小组分别设计）并分享 二、针对五个小组设计的导游路线图，选出最优游览方案，并对导游路线图进行完善与修改	评价：学生能够在选择最适合的导游路线图方案时提出自己的见解。 作业：完成学习单。
9—10	完善资料搜集与整理	一、资料分享：查找导游图中重要的景点与线路 二、资料交流与分享 三、总结	评价：学生能够积极思考，针对导游图的重要景点进行资料分享与交流。 作业：完成学习单。

续表

11	展示课	一、回顾前期活动 二、明确交际要求 三、小组交流完善讲解内容与讲解方式，并进行讲解（语文与英语学科融合） 四、修改提升	评价：小组成员都能够进行合作，完成展示发言。针对作品进行质量评价。 作业：修改完善作品；录制视频介绍首钢园（中英结合）。

单元（或主题）学习效果评价及作业设计（表7）

一、单元学习效果评价

1.过程性评价

在完成学习任务单的过程中，教师注意观察学生小组合作学习的情况，并给予口头表扬或鼓励。

关注学生在实践活动过程中的兴趣、合作分工情况。

观察学生能否正确运用讲解内容，恰当介绍某一景点。

方面	评价标准	互评
讲解员	条理清楚，重点突出	☆☆☆
	语气、语速恰当	☆☆☆
	使用恰当的动作表情	☆☆☆
	能根据听众的反应及时调节讲解内容	☆☆☆
听众	认真倾听、积极互动	☆☆☆

2.终结性评价

通过以上的学习活动，教师针对学生的学习情况进行适时的帮助与指导。在单元总结活动中，总结展示阶段，根据评价量规进行综合评价学业质量。

续表

合作分工			总结展示		
1分	2分	3分	1分	2分	3分
基本没有分工合作	有基本的分工，但合作不顺畅	分工合理，每个人根据自己的角色提出了合理的见解	一名组员汇报，表述不清晰	一至两名组员汇报，表述不清晰、不完整	所有组员汇报，表述清晰、完整

二、单元作业设计

单元作业设计主要从作业内容、形式等方面及与单元教学目标的关系来设计，关注学生的实际获得。

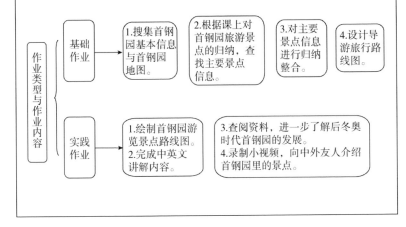

本单元（或主题）教学特色分析（300—500字）（表8）

1.以问题贯穿探究，给予挑战任务驱动，激发学生探究实践的欲望。

以学生的兴趣和直接经验为基础，以与学生学习、生活密切相关的区域资源首钢园设置问题情境，针对问题，学生自主选择探究方法，经历调查、实地考察、提炼、汇总成果、汇报展示等环节，激发学生的探究兴趣。

续表

2.以小组合作模式，互帮互助，培养学生解决实际问题的能力。

通过完成小组汇报展示以及探究活动，培养学生在合作学习中清晰表达，评价他人观点，创造性解决实际问题的能力。学习过程中，学生经历自主讨论、明确分工、设计路线方案、开展实践活动的完整解决问题过程，从而培养学生的合作意识及解决问题的能力。

3.以学生为主体，关注核心素养培育，注重学生的实际获得。

学习中，给学生留足时间，通过资源共享，锻炼学生表达、搜集信息、合作学习、自主探究等能力。老师起到梳理、指导、提升的辅助作用，做到尊重学生，把学习还给学生，关注学生思维的参与度，体现学生的主体性，从培养学生的语言能力、科学思维、创新精神、审美情趣及引导学生学会合作方面落实核心素养的培育。

第11课时的教学目标、教学重点和难点（表9）

语文教学目标：

1.能搜集、处理资料，列出讲解提纲，按照一定的顺序讲解。

2.能按照学习要求小组合作介绍首钢园的一处景点。

3.学生通过搜集资料，了解首钢园，向别人介绍首钢园，感受首钢园的魅力，进而增强对家乡的自豪感。

英语教学目标：

认读、理解、会说景点名词 Shougang Park，Big Air Shougang，the No.3 Blast Furnace 等，运用所学英语知识，用英文介绍首钢园概况或某一景点，激发学生热爱家乡石景山，涵养家国情怀，坚定文化自信。

教学重难点：

1.列出讲解提纲，使学生能够用中文按照一定的顺序讲解首钢园的景点。

2.运用所学英语知识，用英文介绍首钢园概况或某一景点。

第 11 课时的教学过程（表 10）

教学阶段	教师活动	学生活动	设计意图
一、前期回顾、学生分享	了解首钢与石景山的关系 → 观察首钢地图了解景点分布 → 导游路线图的设计与修改 → 完善资料搜集与整理 → 本节展示课	学生PPT分享	通过对前知识的回顾，唤醒学生记忆，为接下来的学习奠定基础。
二、明确交际要求	1.在前期的学习中，我们为了向中外同学们介绍首钢园做了充足的准备，但是我们向游客介绍首钢时不能随意介绍，要有一定的方式，可以让人们更加有重点地了解首钢园内各个景点的信息，所以我们引导游客游览时要有讲解内容。这节课，就让我们围绕着你们小组查找与整理的内容进行讲解内容的学习吧。 2.同学们看视频，看看这个讲解员在讲解的过程中都介绍了哪些内容？ 3.在讲解一个景点之前，我们先根据查找的资料列提纲，根据之前的学习，这个提纲包含几部分的内容？我们怎么来列提纲呢？ 前言，是讲解员在陪同游客参观、	预设学生回答：在说讲解内容时，沙沙先介绍了自己的信息，然后说了有关景点的历史、美誉等，最后进行了总结。 预设学生回答：一般有前言、总述、分述、结尾四个部分。	通过讲解内容的具体指导，学生明确讲解时先讲什么，后讲什么，顺序要明确，语气、语速、肢体语言要恰当，学生体会讲解的意义，明确讲解任务，选取讲解内容。能够列出讲解提纲，按照一定的顺序讲解。

59

续表

二、明确交际要求	游览前，向大家表示问候、欢迎和自我介绍的话，视频中沙沙开头的那几句话，既简短、亲切，又有引出下文的作用。 总述，是对游览景点的一个总的介绍，是第一小组的同学之前查找的关于首钢的整体介绍（只需要这小组的同学完成）。 分述部分是讲解内容的重点（也就是我们每个小组所查找的关于景点的介绍），我们在列提纲时要按游览顺序，对所选景点进行生动、具体的解说，使中外同学饱览景点风光，领略首钢工业遗产的魅力与风韵，留下美好回忆。 结尾，在游览结束后，应对游览的内容作一小结，并向游客表示感谢和告别。 （板书：前言、总述、分述、结尾） 为了使讲解内容更加真实、生动、有条理，同学们应搜集有关这个景点的资料。因为是向游客作介绍，所以引用的数据、资料必须真实，不能道听途说、添枝加叶。当然，涉及的一些故事、传说、笑话，可以另当别论。		
三、学生小组交流，列讲解提纲	1.本节课，我们以一个小组为单位作为小导游向游客介绍首钢园中的景点，课前大家都对自己所介绍的景点进行了资料的搜集，请同学们按照列提纲的方法，根	1.小组根据调查资料，合作讨论列提纲，汇报。 2.师生点评。	通过开展小组合作，使学生集思广益，通过师生点评，完善自己的讲解内容，

续表

三、学生小组交流，列讲解提纲	据小组内的资料，进行列提纲。 2.师生点评。 在讲解的过程中，除了要对讲解内容进行完善之外，我们也要注意讲解的仪态，请同学们说说我们应该做到哪些？ 3.小组合作完善讲解内容与讲解方式。		合作介绍首钢的一处景点。
四、英文讲解内容书写与修改	本次到访进行文化交流的同学中还有很多外国小朋友，那么我们如何向他们介绍呢？ 英语小课堂： （1）英语老师带领学生复习首钢园的著名景点名词，并学习用英文介绍首钢园的景点框架结构。 （2）拓展延伸，争做家乡石景山首钢园的代言人。 教师延展首钢滑雪大跳台上"飞天"元素及谷爱凌、苏翊鸣等优秀运动员在冬奥会上为国争光，弘扬中华传统文化，涵养家国情怀，坚定文化自信。 下面就请同学们按照小组合作完成的讲解词内容，按顺序上台向中外同学介绍首钢的重要景点吧。	小组合作分工、展示交流，介绍首钢园中不同的景点，学生互评学习效果。	英语学习倡导学生围绕真实情境和真实问题，激活已知，参与到指向主题意义探究的学习理解、英语实践和迁移创新等语言学习和运用活动中。本阶段学习活动帮助学生在真实的情境中介绍首钢园景点，加深对中华文化的认同，激发我爱家乡石景山的情怀，用英语讲述家乡的故事，发展语言能力，坚定文化自信。

续表

五、中英文共同讲解首钢重要景点	1.查阅资料，进一步了解后冬奥时代首钢园的发展。 2.录制小视频，向中外友人介绍首钢园里的景点。	学生按小组依次上台介绍。	学生通过小组合作与上台讲解，形成语言意识，积累语言经验，从而进行有意义的沟通与交流。坚定文化自信，形成热爱家乡的意识。
六、作业	我是小小讲解员 前言、总述、分述、结尾		
七、板书设计			

课例《探秘首钢灯光秀》

李梦　杨文敏

课程基本信息（表1）

课程类别	跨学科课程	课程名称	探秘首钢灯光秀
单元（或主题）名称	探秘首钢灯光秀	本课主题	灯光秀中的裸眼3D原理
学段	小学	年级	五年级
整合课程内容	科学、道德与法治		

教学设计参与人员（表2）

项目	姓名	单位	学科
设计者	李梦、杨文敏	北京市石景山区电厂路小学	科学、道德与法治
实施者	李梦、杨文敏	北京市石景山区电厂路小学	科学、道德与法治

《探秘首钢灯光秀》指导思想与理论依据（表3）

一、指导思想

以习近平新时代中国特色社会主义思想为指导，全面贯彻党的教育方针，遵循教育教学规律，落实立德树人根本任务，发展素质教育。以人民为中心，扎根中国大地办教育。坚持德育为先，提升智育水平，加强体育美育，落实劳动教育。反映时代特征，努力构建具有中国特色、世界水准的义务教育课程体系。聚焦中国学生发

续表

展核心素养,培养学生适应未来发展的正确价值观、必备品格和关键能力,引导学生明确人生发展方向,成长为德智体美劳全面发展的社会主义建设者和接班人。

《义务教育科学课程标准(2022年版)》提出:科学思维是从科学视角对客观事物的本质属性、内在规律及相互关系的认识方式,主要包括模型建构、推理论证、创新思维。推理论证能合理分析与综合判断各种信息、事实和证据,运用证据与推理对研究的问题进行描述、解释和预测,具有初步的推理与论证能力。

二、理论依据

学生的学习活动必须与任务或问题相结合,以探索问题来引导和维持学习者的学习兴趣和动机,创建真实的教学环境,让学生带着真实的任务学习,以使学生拥有学习的主动权。(建构主义学习理论)

《探秘首钢灯光秀》教学背景分析(表4)

一、单元(或主题)教育教学价值说明

首钢,前身是石景山钢铁厂,中华人民共和国成立前已停产,20世纪50年代于轰轰烈烈的大生产中结束了有铁无钢的历史,在改革开放的号角中进行了承包制试点,在调整产业结构、疏解非首都功能中完成了从山到海的搬迁。进入新时代,首钢创新升级跻身世界500强,首钢老厂区的"雪飞天"见证了"双奥之城"的无上荣光,成为首都城市复兴新地标。首钢,实现了又一次崭新的飞跃。如今,首钢石景山老厂区已华丽转型,人们喜欢称为"首钢园"。在这里,旧日高炉保持着浓浓的工业风,翠绿的石景山与洁净的群明湖相映成趣,全民畅读艺术书店、小米线下体验店掀起了青春艺术的浪潮……昔日首钢的老厂区正在加速打造"一起向未来"的城市复兴新地标,进入首钢园,科技元素、现代化气息、冬奥足迹等遍布在这座老工业园区基地。学生通过研究首钢,开展跨学科活动,让孩子们走出书本,走向生活,激发兴趣,启迪思维。学生们在实践中学习知识,在实践中运用知识,真正将知识内化为能力,并在情境中将其凝结为核心素养。

二、教学内容分析及课时分配

2022年北京冬奥会圆满落幕的首钢园,也是城市复兴新地标和城市更新的金名片,大型全景式工业遗址的声光艺术盛宴,隆重拉开了迎接新一年的序幕。夜色中,首钢园内的璀璨灯火破夜燃亮,一座雄伟壮丽的京西新地标在夜幕中清晰起来。首

续表

钢大跳台景观灯流光溢彩，通过对3D数字技术的灵活使用，身临其境的真实体验与三维立体的光影场景完美融合，让首钢园成为重现"双奥之城"绚烂的最佳舞台。首钢灯光秀每逢重要节假日，都会进行展示，人们与家人朋友一起，相携走过高线公园、感受流光溢彩的光影变幻、体验震撼立体的视觉效果；仰望冰雪大跳台及晾水塔、重燃参与体育竞技般的活力与激情。在光影空间的灵活变化中实现多点联动，学生感觉既神奇又美妙，通过了解灯光秀产生的原因，探究灯光秀背后的科学原理，学生感受科技的魅力，形成科技兴国的意识。

课时	活动内容
第1课时	初识首钢园，了解首钢灯光秀。明确活动主题和活动目的，激发学生探究兴趣。
第2课时	查找资料，认识首钢灯光秀的技术支持。资料分享：裸眼3D光影秀技术手段狭缝式液晶光栅、柱状透镜、指向光源、主动式背光。
第3课时	认识灯光秀中的裸眼3D原理，利用身边材料进行模拟体验。
第4课时	观看首钢灯光秀的安全问题及注意事项。
第5课时	首钢灯光秀的选址和首钢灯光秀的主题选择。
第6课时	拓展提升，交流反思，总结收获。谈一谈对首钢灯光秀后续实施的建议。

三、学生情况分析

五年级的学生，通过几年科学课的学习，已经掌握了初步的科学方法，用于开展探究实践，对生活中的科技现象充满好奇心，同时他们懂得了学校生活规则，初步养成了良好的生活习惯和学习习惯，多数学生文明有礼貌，能遵守课堂学习规定，能积极学习，能安全健康地学习生活。他们的认知能力也达到了一定程度，在引导他们的学习中，教师更多要注重的是上课过程中结合多媒体，通过图片、视频等多种形式教学，对学生产生视觉冲击，简洁激发学生的学习探讨兴趣，从而让他们学会发现问题，分析问题继而来解决问题，培养他们良好的行为习惯，保证自己的生命安全并遵守一定的文明礼仪。

《探秘首钢灯光秀》教学目标（表5）

单元主题：探秘首钢灯光秀			
学习内容： 　　通过了解灯光秀产生的原因，探究灯光秀背后的科学原理，学生感受科技的魅力，形成科技兴国的意识，养成文明礼貌的行为和生命安全意识、自我保护能力。			
科学观念	科学思维	探究实践	态度责任
学生知道裸眼3D技术是利用人眼视差特性形成的立体视觉效果。	学生通过观察、实验、调查等探究活动，发展学生分析、推理、设计、制作等探究能力，激发学生的创新意识。	学生在分析首钢灯光秀产生原理的基础上，利用生活材料开展裸眼3D模拟实验。 学生了解科学技术在生活中的发展与应用，感悟科学的魅力，形成科技创新意识。	学生养成文明礼貌的行为和生命安全意识、自我保护能力，了解和识别可能危害自身安全的行为，具备自我保护意识，掌握基本的自我保护方法，预防和远离伤害。 学生具有民主与法治意识，守规矩，重程序，能够依规依法参与公共事务，根据规则参与校园生活的民主实践。 学生养成善于发现问题，互相倾听解决问题的能力。

《探秘首钢灯光秀》教学过程设计（表6）

单元主题	学科	课时	主要活动	设计意图及评价目标
探秘首钢灯光秀	科学、道德与法治	1.初识首钢园，了解首钢灯光秀	查阅首钢园的资料，初步认识首钢，为后续探究做好铺垫。	明确活动主题和活动目的，激发学生探究兴趣。
		2.认识首钢灯光秀的技术支持	查找资料，认识首钢灯光秀的技术支持。	初步了解灯光秀中的技术支持与科技含量。

续表

探秘首钢灯光秀	科学、道德与法治		资料分享:裸眼3D光影秀技术手段狭缝式液晶光栅、柱状透镜、指向光源、主动式背光。	
		3.认识灯光秀中的裸眼3D原理	认识灯光秀中的裸眼3D原理,利用身边材料进行模拟实验。	通过实验,体验感受灯光秀中的科技原理,通过所学的科学知识,解释现象。
		4.观看首钢灯光秀的安全问题及注意事项。	观看首钢灯光秀的安全问题及注意事项。	帮助学生形成安全意识,在公共场所要学会保护自己。
		5.首钢灯光秀的选址和首钢灯光秀的主题选择。	首钢灯光秀的选址和首钢灯光秀的主题选择。	发散学生思维,让学生在活动中,提出自己的创意,并思考其可行性,激发学生创新思维。
		6.对首钢灯光秀后续实施的建议。	拓展提升,交流反思,总结收获。谈一谈对首钢灯光秀后续实施的建议。	为首钢后续的发展提出合理化建议,帮助学生形成热爱家乡的情感,为家乡的变化感到骄傲与自豪。

67

《探秘首钢灯光秀》学习效果评价及作业设计(表7)

一、学习效果评价设计

项目	评价内容	自我评价		
		😊	😐	☹
科学观念	学生通过查阅资料,了解首钢灯光秀形成的科学原理,知道裸眼3D技术是利用人眼视差特性形成的立体视觉效果。			
科学思维	学生通过观察、实验、调查等探究活动,发展学生分析、推理、设计、制作等探究能力,激发学生的创新意识。			
探究实践	学生在分析首钢灯光秀产生原理的基础上,利用生活材料开展裸眼3D模拟实验。			
态度责任	学生了解科学技术在生活中的发展与应用,感悟科学的魅力,形成科技创新意识。			
老师给我的评价:				

续表

时间	项目	得星	奖励	自评
周一	1.自觉遵守公共秩序,在公共活动中,不起哄、不滋扰。		☆☆☆	
周二	2.学会发现和识别身边的安全隐患,保护自己。		☆☆☆	
周三	3.热爱集体,积极参与集体活动,有互助意识。		☆☆☆	
周四			☆☆☆	
周五	4.做任何事要文明、礼貌和有秩序。		☆☆☆	
周六			☆☆☆	
周日			☆☆☆	

备注：☆☆☆（A） ☆☆（B） ☆（C） 评价分 A、B、C 三个级别

二、作业设计
模拟裸眼 3D 实验
1.分组发放裸眼 3D 全息立体投影实验材料,进行组装。
2.将手机放置于 3D 全息投影仪孔位处。
3.选择合适角度播放 3D 全息视频。

《探秘首钢灯光秀》教学特色分析（300—500字）(表 8)

1.结合生活实际 感悟科技魅力
本节课,从首钢园灯光秀入手,探秘灯光秀中应用的科学技术和科学原理,感受科技的魅力,同时从发展学生思维的角度,让学生思考首钢园中灯光秀的选址地以及观看灯光秀的注意事项,围绕学生生活实际,开展问题研究。

2.基于问题解决 开展跨学科活动
本节课结合科学和道德与法治两个选课,探秘首钢灯光秀进行问题式、项目式学习任务设计,根据问题解决和探究学习过程的需要,重塑学科知识和技能结构,引

续表

导学生自主、合作、探究学习,改善学生的学习体验,促进深度学习,提高综合运用多种学科知识分析问题和解决问题的能力,发展学生的跨学科核心素养。

3.跨学科教学实践分阶段分步骤实施

首先选取教师自己知识领域内的综合,比如从文科间的融合、理科间的融合,再到文理融合直至语数外、政史地、理化生、信息技术、心理、音乐等多学科的融合来认识和解决现实问题。以不同学科为载体,以中国传统文化精髓为依托,对学生进行为人处事、学习生活所应具有的道德规范、意志品质、行为习惯教育。通过学科渗透来加强道德教育。围绕立德树人根本任务,遵循学生认知规律和教育教学规律,按照一体化、分学段、有序推进的原则,把思想道德教育和科学教育贯穿于教育各领域。在不同的学科教材中,都蕴含着十分丰富的教育内容。校本课程开发,绿色生活实践,与科学教师合作,开发的案例:治理雾霾不再等风来、三生三世话腐乳等课例都体现了跨学科的融合,同时将道德教育渗透其中,培养学生动手能力,提高试验的科学性和准确性,体现跨学科的课程理念。提升学生的综合思维的能力,学会用联系的、发展的、全面的观点来看问题,并想办法解决问题,继而从中获得感知,培养他们良好的道德品质。

以下请从单元整体设计中精选一个课时(40分钟或45分钟),详细描述该课时的教学目标、教学重难点和教学过程。

第3、4课时的教学目标、教学重点和难点(表9)

教学目标:

1.学生通过查阅资料,了解首钢灯光秀形成的科学原理,知道裸眼3D技术是利用人眼视差特性形成的立体视觉效果。

2.学生在分析首钢灯光秀产生原理的基础上,利用生活材料开展裸眼3D模拟实验。

3.学生通过观察、实验、调查等探究活动,发展学生分析、推理、设计、制作等探究能力,激发学生的创新意识。

4.学生了解科学技术在生活中的发展与应用,感悟科学的魅力,形成科技创新意识。

5.学生养成文明礼貌的行为。

续表

6.生命安全意识和自我保护能力，了解和识别可能危害自身安全的行为，具备自我保护意识，掌握基本的自我保护方法，预防和远离伤害。

7.学生具有民主与法治意识，守规矩，重程序，能够依规依法参与公共事务，根据规则参与校园生活的民主实践。

8.学生养成善于发现问题，互相倾听解决问题的能力。

教学重点和难点：

学生探秘首钢灯光秀的设计原理，了解观看过程中注意的事宜。

第3、4课时的教学过程（表10）

一、创设情境 提出问题

1.教师播放一段首钢灯光秀的视频，提出问题，你知道这神奇的景象是怎样产生的？

2.介绍3D光影秀技术手段。

目前主流的裸眼3D光影秀技术手段有：狭缝式液晶光栅、柱状透镜、指向光源、主动式背光。

3.教师小结：裸眼3D技术利用人眼视差特性，使观看者可以在特定角度、不借助其他设备的情况下，感受逼真震撼的立体视觉效果。

4.人眼的视差会产生这么大视觉变化吗？下面我们就一起来探究一下。

二、感受人的视差变化，认识灯光秀产生的科学原理

裸眼3D原理：裸眼3D是怎么做到蒙骗双眼来营造空间和纵深感呢？现在的3D视频或者图像都是通过区分左右眼来拍摄的两幅图，视差距约为65mm，通过让你左眼看到左眼的图像，右眼看到右眼的图像就可以让你的大脑合成一副有纵深感的立体画面。

（一）有趣的视觉现象

活动一：黑色的圆和灰色的圆大小一样吗？

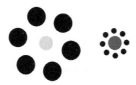

续表

活动二：两条黑线是平行的吗？

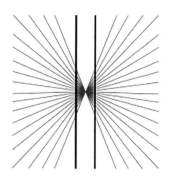

（二）双目视差现象

活动三：

如果两眼成像的视网膜部位相差太大，那么人们看到的将是双像，即把同一个物体看成两个。例如，我们用右手举起一支铅笔，让它和远处墙角的直线平行。这时如果我们注视远处墙角的直线，那么近处的铅笔就将出现双像；如果我们注视近处的铅笔，远处的墙角直线就将出现双像。正因为双目视差，才会让我们看到的物体有纵深感和空间感。

小结：早在1839年，英国科学家温特斯顿就在思考一个问题——人类观察到的世界为什么是立体的？经过研究他发现：人由于两眼间存在大约65mm的间距，在观察三维物体时视角稍有不同，就产生了双目视差。

左眼看到左侧，右眼看到右侧，看到的画面有微小的差距，物体同时在视网膜上成像，大脑通过对比两副不同的"影像"便能区分出物体的距离远近，从而产生立体感。

续表

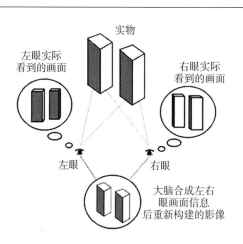

三、动手制作，模拟裸眼 3D 效果

1.教师谈话：通过裸眼 3D 光影秀可呈现天崩地裂、砖飞瓦走、冰封雪裹、火光冲天、鱼群畅游等三维立体特效，影像事物即可以突出于画面之外，也可以隐藏在画面之中。色彩分明、惟妙惟肖、栩栩如生，是真正意义上的三维立体影像。我们能否借助一些材料，模拟体验一下这样的活动？

2.步骤与方法：

（1）分组发放裸眼 3D 全息立体投影实验材料，进行组装。

（2）将手机放置于 3D 全息投影仪孔位处。

（3）选择合适角度播放 3D 全息视频。

四、灯光秀的选址

1.灯光秀的选址需要考虑什么因素？

打造一场裸眼 3D 光影秀项目，除了技术手段，其他重要的因素也不能忽略：合适的载体（建筑体）、合适的空间（大型工程投影机群安装空间）与专款做项目支持。

（1）大型的户外场地：承载电影。

（2）结构突显的建筑载体（现有或自制）：配合投影画面演示出更加生动的效果。

（3）大型投影仪：需要有足够的亮度，来实现清晰的投影画面。

（4）声光电技术：配合投影效果，让画面更生动。

续表

2.你认为首钢园中哪些区域适合设置灯光秀?为什么?

3.灯光秀选址成功后,在观看的时候需要注意哪些问题?(切换道德与法治教师)

五、观看灯光秀的问题

过渡语:在这如此美妙的夜晚,我们享受美轮美奂的灯光秀,此时你的感受是什么?

预设:非常震撼,让我享受科技带来的盛宴。

预设:高兴,让我度过了不一样的夜晚。

预设:老师,就是太挤了,我都不能喘气了,我心脏受不了。

预设:虽然没疫情了,但是人员太密集了,让人不舒服。

预设:刚刚我差点跌倒,但后面的人还在往前拥挤,没有人给我留空间。

设计意图:通过学生的亲身体验和视觉的冲击,让他们感受秩序和规则,文明和安全的重要性。

六、面对问题我不怕

过渡语:同学们,你们真棒,在享受美景的同时也想到了安全,想到了文明,老师给你们点赞。那我们已经发现了问题,我们怎样去解决呢?你们有什么金点子,大家来讨论讨论吧。

预设1组:可以提前找一个管理员,让他来回巡视,人多的时候拿喇叭说说。

预设2组:我反对一组的设想,那太不文明,而且也影响人们观看的欲望。我们组的想法是限制人员数量,从进场就开始控制,按时间长短限时观看,这样能达到强化的作用。

预设3组:那也有一定的误区,这样在外等待的人会很反感,有时会影响整个首钢的形象。我们组的设想是引进高科技,利用红色感应器来保证人们的安全和健康。

预设4组:那个成本有点高,而且还对人体有影响。我们可以借鉴交通红灯的形式,当我们人员密集时迅速打开红灯,只要看见三个以上开红灯,其他人员都以开,这样给别人以警示,这边危险,请勿靠近。

预设5组:我同意4组的观点,其实可以做一种红绿灯棒,当我们遇危险时开红灯,如果谁不遵守,一旦遇到重大事故,你就负全责。

预设6组:我们补充,如大家遵循得很好我采用回收的方法,交回灯光棒的下次再看可以享受票价5折优惠。

设计意图:通过小组合作,意识到安全、规则的重要性,集思广益激发他们解决问题的能力。

续表

七、科学的力量

同学们的想法都很好,我们要在保证环保的基础上,让人自觉遵守秩序,养成文明有礼的习惯。保证他人的生命安全的方法是非常好的,那我们怎么去科学地利用红绿灯的作用在我们身边进行运用?这里准备一些素材,我们一起行动起来。

活动过程:学生利用科学课上学的知识,制作红绿灯。

设计意图:将各种学科进行融合,把学生学的理论知识与实践进行结合,达到学以致用,各种学科相辅相成。

八、虚拟世界五彩缤纷

过渡语:同学们,你们真的很棒,能够学以致用,把自己学习的知识运用到生活中,那我们一起动起来吧。

预设1:入场时人员已满(10人/组),遇到拥挤开始开灯,身边的人也自动开红灯。

预设2:观看兴奋时,如有突发事情(例如一人晕倒),红灯亮起,其他同学做出防护措施。

预设3:退场时,发现拥挤(11人),迅速启动手中的红色荧光棒,其他人员不能再往前面走,直到前方绿灯亮起再通行,可以方便工作人员进行疏通。

设计意图:让学生亲身体验,去感受在意境中发生的事情,拓展他们的思维,学会保护自己生命健康安全,也学会养成良好的文明行为,同时也让他们养成互相帮助的习惯。

九、课堂总结 拓展提升

过渡语:同学们,我们这节课就学习到这,我们一起回顾一下我们今天所学,谈谈自己的收获。

预设1:我感觉借助我们设计的红绿灯让我更安全了。

预设2:我们在观看美景的时候,不仅要自己注意安全,也要保护别人的安全。

预设3:我们在无形中养成文明行为,而且也知道为他人着想。

预设4:拥有红绿灯,我们更安全了。

设计意图:通过发现问题,共同商量解决问题,让他们感受到丰收的喜悦,也让他们体会到生命的重要性,要有秩序、有规则地生活,尊重生命,安全第一。

第三篇
爱我家乡石景山主题课程

新首钢园主题课程

《首钢重生 点燃冬奥》——走进首钢冬奥园区

刘士荣

一、实践基地

（一）基地概况

"新首钢高端产业综合服务区"（简称首钢园区），西临永定河，背倚石景山，是城六区中唯一集中连片待开发的区域，是长安金轴的西部起点，西山永定河文化带的重要组成部分，也是新版北京城市总规重要的区域功能节点。在地理区位、空间资源、历史文化、生态环境上首钢园区具有独特优势，是落实首都功能定位的重要支撑。

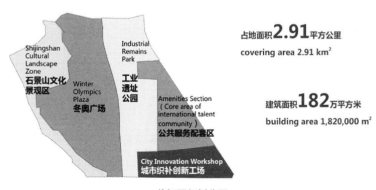

首钢园规划分区

北京2008年奥运会申办成功后，首钢服从国家奥运战略和北京城市的定位要求，实施钢铁业搬迁调整。2010年底，伴随着钢厂炉火熄灭，这片热土沉寂下来。2015年7月31日，北京冬奥会申办成功，首钢园区的转型改造迎来了新机遇。2016年5月13日，位于新首钢高端产业综合服务区的北京2022年冬奥会组织委员会办公地点首次向媒体开放。

北京冬奥组委办公区

地址：北京市石景山区石景山路68号

邮箱：66681024@beijing2022.cn

电话：010-66681024

乘车路线：

地铁站：地铁11号线西段；地铁6号线；地铁S1线。金安桥站下车。

公交站：运早高峰；336路；358路；396路；489路；597路；876路；932路；941路；961路；972路；977路；快速直达专线

135 路；快速直达专线 31 路；快速直达专线 51 路。首钢小区站下车。

秀池停车场地址：北京市石景山区秀池南路与秀池西街交叉路口往东约 50 米（首钢工业遗址公园）。

（二）地标建筑

首钢大桥、西十冬奥广场、空中步道、三高炉、秀池、大跳台、四块冰之一：冰壶馆。

首钢大桥

西十冬奥广场

空中步道

三高炉、秀池

大跳台　　　　　　　　四块冰之一：冰壶馆

二、活动目标

1.通过查阅资料、调查、实地考察、听讲解等了解家乡石景山人文概况、首钢昔日的风貌、今日的辉煌。

2.走进新首钢冬奥园区，寻找探究冬奥园区地标性建筑，了解其作用。通过小组实践活动，学会分工合作，培养学生合作探究的能力和团结协作的精神。

3.通过实践活动激发学生热爱家乡，用自己的实际行动争做家乡小主人，为家乡建设出谋划策，为2022年冬奥会助力。

三、活动方式

1.查资料（上网查找资料）。

2.调查、访问（实地考察）。

3.体验法（上冰体验）。

4.搜集文字资料和照片、图片。

5.交流、体会，制作PPT展示。

四、活动对象

四年级学生。

五、学科结合点

小学科学：认识方位顺序、制冰的厚度与冬奥项目关系。

小学语文：设计调查问卷、填写调查表及星级卡。

小学信息：制作 PPT。

六、计划学时

4 课时。

七、活动过程

（一）准备阶段

1.确定活动主题以及活动目标

随着 2022 年冬奥会脚步的一天天临近，人们看到了首钢这个老工业区在新时代实现"华丽转身"的可喜变化。集聚冬奥场馆、空中步道等"高大上"项目的首钢园区是"网红的打卡地"。"大跳台""四块冰"等项目的交付使用，冬奥配套设施也正在紧锣密鼓地推进中。带着对昔日首钢的好奇和对 2022 的憧憬，我们走进了首钢冬奥园区。

2.确定活动方式

四年级的学生，正在逐步由儿童期迈向少年期。在这个时期，广阔无边的外部世界和自身的内心世界都等着他们去探索。他们有着强烈的探究心。他们已经有了初步的学习能力和操作能力，能利用分工进行合作学习，并能在活动中主动表达自己想法，与同学合作探究，完成活动任务。因此，学生自愿结合，分成小组，并选定了自己感兴趣的活动任务。

3.确定组内分工

各小组在组长的带领下，每个人根据自己的特长、活动的时间和精力、体力的状况，选择自己能胜任的任务，并可以针对其他同学的任务给予必要的帮助。

4.确定各组子主题

●地标性建筑之一：首钢园区冬奥广场旧貌与新颜，了解介绍西十广场、筒仓、料仓改造等。

●地标性建筑之二：三高炉——"功勋高炉"的新担当，秀池、九龙头。

●地标性建筑之三：大跳台、空中步道——重点了解"大跳台"的由来、构造及比赛项目。

●地标性建筑之四：四块冰——了解其原貌与变身，了解四块冰的制冰要求。

（二）实践阶段

1.感知首钢转型的变化

学生利用网络、访谈等渠道，了解首钢原貌及转型后的发展现状，对石景山未来发展有初步了解，搜集筛选冬奥园区地标性建筑的相关资料，填写资料搜集学习单（见附件1）。

结合资料搜集学习单内容，经全班讨论、头脑风暴，确定实践主题：走进首钢冬奥园区。自主分组并填写实践探究学习单（见附件 2）。

2. 走进首钢冬奥园区

学生以小组形式，带着探究学习单，有目的地走进首钢冬奥园区亲身体验，及时交流心得体会，对首钢冬奥园区的地标性建筑有初步的认识。教师针对不同任务，指导不同的观察重点。

3. 准备交流展示

小组合作分工，对信息进行归类整理，创造性地制作 PPT。教师及时提出合理建议，学生反复修改。

（三）成果展示阶段

展示形式：学生进行小组汇报交流，介绍特色标识，通过 PPT、手抄报、采访等形式展示。小组评价（评价卡见附件 3）。

展示一：教师总结全班前期学生利用搜集资料整理首钢冬奥园区地标性建筑的信息，学生谈感受。（PPT 回顾）

展示二：各小组交流成果，按不同内容制作成 PPT，向老师同学展示。

1. 地标性建筑之一——西十广场（筒料仓改造）重点介绍改造后的用途。

2. 地标性建筑之二——重点介绍了"三高炉"作为"功勋高炉"的新担当作用、秀池的功能、九龙头的传说故事。

3. 地标性建筑之三——介绍"大跳台"的设计构造及比赛项目、立体空中景观步道。

4. 地标性建筑之四——走进场馆体验感受"四块冰"首钢园区

改造后的"冰雪新世界",谈感受、讲解制冰知识。

(四)活动成果

教师:活动策划方案、教学设计。

学生:活动资料夹、相应的活动方案表格、实践活动感受集、调研报告。

(五)活动延伸

随着2022年冬奥会的脚步一天天临近,我们展望冬奥助力冬奥,争当一名小小志愿者,在志愿卡上写下自己的小小志愿,并以实际行动为冬奥服务,为家乡贡献自己的力量。

资源链接
北首钢冬奥组委

1.西十冬奥广场

简介"西十":原首钢炼铁厂原料区,曾在火车运输系统中编组为西十线,因此得名。现在是2022冬奥会筹办、举办中枢。主要用于办公、会议以及配套服务。运储铁矿石的料场被改建为办公区。北京冬奥会和冬残奥会展示中心由联合泵站改造而成,利用水塔的弧度空间环境,经数字影像技术活化了清代《冰嬉图》,再现中国悠久的冰雪运动历史。展厅陈列着横跨京张地区的冬奥整体规划沙盘,借助视频和声光电技术,观众犹如置身赛区之中,全景式体验北京冬奥会带来的日新月异的变化。

2.介绍筒仓、料仓改造

西十筒仓：筒仓群分为三组，每组由两个筒组成，分别由三家国际知名设计公司独立规划设计完成，采用了三种截然不同的设计风格。灵感源自中国象牙雕刻艺术，移除多余的材料，彻底改变笨重的感觉。保留工业建筑中壮观的空间，表达着对仓体的尊重与纪念。

料仓：位于六个筒仓东南侧。与筒仓的设计理念相同，料仓完整地保留了原有工业风貌，充分尊重原始结构，40米的主体高度，5层的灵动空间，形成富有创意的办公空间和文化景观。变成了一座座设计感极强的写字楼。

"功勋高炉"的新担当

三高炉位于首钢西十冬奥广场南侧。在首钢百年的炼铁发展史中，三高炉是一座"功勋高炉"，对国家钢铁产业发展贡献巨大，是北京乃至全国近现代工业发展的缩影。如今，三高炉作为首钢老厂区冶炼体系中最典型的一条生产线，在首钢老厂区变身新首钢高端产业。

综合服务区、打造新时代首都城市复兴新地标的进程中被改造利用，变身成为工业文化展览空间。

秀池

秀池原名秀湖，始建于1940年，当时用于存放炼铁循环用水，是首钢最早的大型水面景观。秀池改造项目是首钢园区北区改造建设的重要工程之一，秀池地面部分为景观水池，地下部分为能存放855辆车的地下车库和圆形下沉式展厅。

九龙头

园区内"九龙头"三十多年后"搬家"再现龙吐水。首钢园区中的地标——原秀池中的"九龙头"。迁移后的"九龙头"位于秀池西北侧，北临冬奥组委办公区，一字排开面朝东南方向。原三高炉秀池"九龙头"由九套琉璃制品的龙头及影壁芯构成，古朴典雅，庄重大气。据介绍，"九龙头"建于 1986 年，当时位于秀池东侧红墙之上，原三高炉的冷却水沿泄水管穿墙流至秀池，九龙头镶在泄水管排水端，泄水时好似龙头吐水，蔚为壮观。现在这里是人们来首钢的必游之地。

大跳台

2019 年 11 月 28 日，由清华大学建筑学院、建筑设计研究院张利教授团队主持设计的北京 2022 冬奥会首钢滑雪大跳台竞赛永久设施（含跳台本体、裁判塔及观众席）建成，跳台造型设计来自敦煌"飞天"飘带形象，曲线优美，是冬奥历史上第一座与工业遗产再利用直接结合的竞赛场馆。首钢滑雪大跳台中心是 2022 年北京冬奥会自由式滑雪大跳台和单板滑雪大跳台比赛项目场馆。

空中步道

首钢园群明湖北侧，由工业管廊改造变身而成的三层为集慢行交通、观景休闲、健身娱乐于一体的"空中步道"，全长近 8 公里，最高处约 12 米。站在"空中步道"顶层，可以看到滑雪大跳台、四块冰。空中步道"绿轴"段和群明湖北段连为一体，共同连成长约 1600 米的立体景观步道。高炉、焦炉等工业遗存景观映入眼帘。这里可以满足一切关于美好的想象。

四块冰

"四块冰"是首钢园区改造后的"冰雪新世界"。过去的自备电厂精煤车间和车站用房,现在已变身为冰球馆、冰壶馆、花样滑冰馆和短道速滑馆。

冬奥场馆"四块冰"制冰要求

规格要求	场地			
	冰壶馆	冰球馆	花滑馆	短道速滑馆
场馆温度	12℃以下	大约17℃	15℃左右	15℃以下
湿度	50%以下	30%以下	40%以下	40%以下
冰层厚度	5—6厘米	2.54厘米	3—5厘米	4.5—6厘米
冰面温度	-6℃左右	-4.4℃—-3.3℃	-5℃—-6℃	-6℃—-7℃
制冰用水	蒸馏水	纯净水	纯净水	纯净水
制冰用时	8—10天	—	—	—

四块冰区别:

速滑冰质较硬,硬脆的冰面有助于提速,制冰温度需要零下6摄氏度到零下7摄氏度,硬一点的冰面给长刃提供更好的力度支持。

花滑冰质较速滑软一些 要求高一些,花滑冰面也是光滑的,但花滑的冰需要软糯一些保证起跳,花滑需要的制冰温度为零下3到零下4摄氏度,冷了易碾崩,热了会水汪汪的,运动员会觉得冰刀拔不出来,影响起跳。

活动附件

附件1：

"首钢重生 点燃冬奥"——走进首钢冬奥园区
——资料搜集学习单

一、学习指南
1.课题名称： 《首钢重生 点燃冬奥》
2.达成目标： 通过搜集资料等方式了解首钢园区地标性建筑的相关知识。完成《资料搜集学习单》规定的任务。
3.学习方法建议： （1）自主探究 （2）小组合作 （3）资料筛选归纳。
4.课堂学习形式预告： 板块一：各组讨论交流搜集资料的内容。 板块二：各组讨论交流想研究的问题、感兴趣的问题。
二、学习任务
首钢园区有哪些地标性建筑及作用？请同学们展开研究吧！

学习任务	学习过程	学习建议
任务一： 搜集阅读 课外资料	通过网上搜集，搜集整理"首钢冬奥园区"相关内容。我搜集资料的途径：_____	登录网站，查看首钢冬奥园区地标性建筑的资料，独立思考。初步感知，为下一步的学习和思考奠定基础。

续表

任务二： 自主学习 反馈成果	通过阅读资料，我了解到的关于"首钢冬奥园区地标性建筑"的知识： 1._____ 2._____ 3._____	你知道了哪些知识？ 1.首钢的历史。 2.首钢的地标性建筑。
任务三： 围绕资料 提出问题	我想研究的问题、我感兴趣的问题： 1._____ 2._____ 3._____ 4._____	你对这些问题感兴趣吗？ 1.首钢园区地标性建筑的位置及作用是什么？ 2.冬奥组委的办公地筒仓的设计风格缘由是什么？ 3.首钢园区的四块冰如何制冰？ 4.首钢园区的特色活动、开放时间？

附件2：
"首钢重生 点燃冬奥"——走进首钢冬奥园区
——实践探究学习单

一、实践探究的准备工作
1.探究问题：
2.小组成员：
3.组员分工： （1）前期资料：_____ （2）采访提问：_____ （3）摄像摄影：_____ （4）资料归纳：_____ （5）PPT制作：_____ （6）介绍解说：_____
4.实践探究地点：_____ 　实践探究时间：_____
5.实践方式： （1）采访：①采访对象：_____ 　　　　　②采访问题：_____ （2）体验：①观看：_____ ②亲身体验：_____ （3）拍摄内容：_____ （4）其他方式：_____
二、实践探究的过程资料
1.请你通过自主探究、小组合作、参观访谈等方式对"首钢冬奥园区地标性建筑"进行实地探究。请你紧密围绕本组的探究主题搜集资料、摄影摄像并记录实践探究的过程。 _____ _____

续表

| 2.探究实践小结：
（请你围绕是否顺利完成任务、印象最深的部分、需要进一步探究思考的问题等方面，总结本次实践探究活动。）
_____
_____ |

附件3：

星级卡："首钢重生 点燃冬奥"——走进首钢冬奥园区

班级：　　　　姓名：

评价表			
评价项目	自评 （优秀、良好、加油）	互评 （优秀、良好、加油）	综合评价 （优秀、良好、加油）
承担任务	☆☆☆	☆☆☆	☆☆☆
参与活动	☆☆☆	☆☆☆	☆☆☆
与人合作	☆☆☆	☆☆☆	☆☆☆
提出建议	☆☆☆	☆☆☆	☆☆☆
展示表达	☆☆☆	☆☆☆	☆☆☆
感悟创新	☆☆☆	☆☆☆	☆☆☆

首钢里的黑科技——无人车

杨薇

指导思想与理论依据（表1）

可持续发展价值观告诉我们，弘扬本土优秀文化是尊重文化多样性的重要前提。地方课程与学科课程最大的不同在于它超越了学科课程的逻辑体系，提倡与课外活动和社会实践活动的紧密联系，倡导自主、合作、探究的学习方式，在实践中培养学生的操作、探究能力，在体验中培养学生对家乡、对祖国的热爱之情，产生服务家乡、建设家乡的责任感和使命感。

以地方课程为依托，开展主题式的综合实践活动首先不同于学科课程，它不是以单一学科系统知识体系为基础的课程，也不是任何一门学科课程的简单延伸，它的主题应具有综合性和实践性。因而它与每一学科都有着广泛的联系。以学生为本，进行"课程内容、授课方式、课程资源"等方面的整合，为学生创建健康、富有活力的学习活动；独立思考与合作交流的学习形式；有自信以及相互尊重的学习气氛。让孩子们能够主动而生动、全面而独特地可持续发展。

教学背景分析（表2）

教学内容：

科技奥运是指充分运用现代信息技术，建设各种必要的信息基础设施和信息应用系统，开发各种与奥运会相关的信息资源，营造良好的信息化环境，为各相关组织和个人提供优质的信息服务。

为北京2022年冬奥会的顺利开展，首钢园区积极转型，新科技也应运而生，2019年4月，一辆无人驾驶小巴出现在首钢园区内，无人驾驶时代开启，到2021年3月，首钢奥运园区将实现园区社会公开道路、园区内部道路全覆盖的全天候多车型L4级无人自动驾驶典型功能示范。包括：无人客车、无人清扫车、无人物流车、无人MINI客车、无人MINI清扫车、无人MINI物流配送车、智能共享轿车等，这7类无人驾

续表

驶车型，将服务于园区冬奥会期间的日常运营需求。学生走进首钢园区，观察首钢园区环境和无人驾驶车的使用情况，提出了许多问题，包括首钢园区内超市较少，没有外卖配送等，针对这些问题设计了本次主题活动，共分为六课时：

第一课时：走进首钢园区，提出问题，归纳总结形成探究主题。
第二课时：小组查阅、整理资料，在班级内进行讲解交流，初步了解无人车技术。
第三课时：根据需求，小组设计无人车外形、结构和功能。
第四课时：在教师指导下，完善小组设计，针对问题提出解决方案。
第五课时：实地考察，设计调查问卷，整理分析调查结果。小组总结成果，制作汇报文稿，准备汇报发言。
第六课时：成果展示，交流讨论。

学生情况：
六年级学生，平均年龄在11—12岁，抽象思维已经在逐步发展，学习的兴趣日趋广泛，对事物表面现象的深层因素充满好奇，愿意主动探究，并且有丰富的想象和独特的视角；已经初步具备了从互联网、书籍上搜集处理信息的能力，分析问题和解决问题的能力，合作意识也在逐步形成，能与他人做简单的交流，写作上也有了一定的基础；学生干部的组织能力、语言表达能力较强、在班内有威信，人际关系都比较好，有利于采用小组合作的学习方式；还有一部分学生能力较弱，很少参与班级讨论等活动，如果采取小组分工、合作的学习形式，这部分学生可以承担比较容易的工作，有利于对其能力的培养。

教学方式：根据主题活动的内容，以及本班学生情况确定教学方式为小组合作研究型学习。
教学手段：展示交流，小组合作
技术准备：视频、PPT

教学目标（内容框架）（表3）

综合实践主题目标：
1.能够发现问题、提出问题、整理问题，形成探究主题。
2.掌握查阅资料、整理资料的方法，能够利用网络资源完成小组探究活动。
3.提高合作交流、语言表达、逻辑思维和质疑能力。
4.了解无人车的基本原理，知道雷达、传感器的作用，根据需求设计无人服务车。
5.关注冬奥会，了解首钢园区，热爱家乡。

续表

本节课目标:
　　知识与能力:知道无人小巴车、无人出租车、无人售卖车、无人外卖车、无人检测车的设计思路和基本功能,能够对其他组的介绍提出自己的想法。
　　过程与方法:通过小组间的倾听交流质疑,提高学生的倾听与思辨能力。
　　情感态度与价值观:通过设计无人车的过程,更加了解和热爱首钢,提高对冬奥的参与兴趣。

教学过程(表4)

一、回顾导入
1.回顾探究过程
　　这一学期,我们进行了以首钢无人车为主题的综合实践活动,时间比较长,我们一起来回顾一下。
　　(出示照片)
2.梳理活动过程
二、小组展示汇报
1.无人出租车
　　(1)外形:蓝色车身,防滑轮胎,车灯、雷达。
　　(2)结构:内部包括语音系统、喷水头、人脸识别、小型售卖机(饮料、纸巾)等。

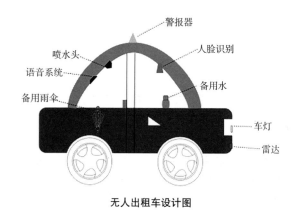

无人出租车设计图

续表

（3）功能：语音系统能够与乘客进行简单对话，包括上车时、途中遇到陡坡、下车前。

App：打车需要使用打车软件，界面包括上车地点、下车地点，途中如果想要紧急下车，可在紧急地点中选择下一站下车。App 还有结账功能。

控烟功能：车内禁止乘客吸烟，如果检测到有烟雾，喷水头会喷出水雾进行提醒，如果乘客还继续吸烟，报警器就会发出警报并通知工作人员到场。

人脸识别：识别打车乘客的身份，并对每一名乘车人进行体温监控，如果有体温异常的人，会有报警器通知工作人员进行处理。

2.无人外卖车

（1）外形和结构：在美团外卖车的基础上进行设计，12 个餐柜，雷达探测装置；增加了地图、操作流程、冬奥会徽的装饰；车顶上增加了检测天气和定位的装置。车后边增加了消毒装置。

无人出租车打车软件设计图

（2）功能：

消毒：车后消毒装置，顾客和商家需在操作前进行手部消毒，方法是双手伸到消毒水龙头下，水龙头会自动喷出水雾状免洗手部消毒液。先消毒再操作能够有效保证食品和人的卫生。

保温：每一个餐柜都具有保温功能，能够让顾客在冬天里吃到温暖的食物。

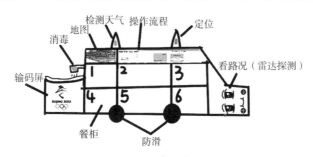

无人外卖车设计图

雨伞：无人外卖车的车顶有检测天气的装置，如果检测到雨雪天气，就会在顾客取餐时，弹出一把大伞，为取餐的乘客遮挡雨雪，方便取餐。

续表

（3）操作流程：

打开微信　发现页—小程序　　搜索美团点餐　接受输入码　等待外卖到达站点
　　　　　　　　　　　　　　（选择站点）

无人外卖车操作流程图

3.无人小巴车

（1）外形和结构：无人小巴车外表光滑，车门口有冬奥会标志，车外轮廓有防水功能，就算下雨也不会受到毁坏。车窗内有一把安全锤便于逃生。车内有广播到站提醒。车内有一个计人次器，如果车里的人达到限量，到达站点没有人下车并有人上车，车就会发出广播超载提醒。

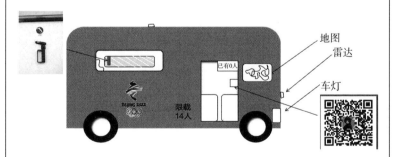

（2）路线：包括秀池、和合谷等7个站点。

4.无人检测车

（1）外形和结构：车体较小，适合出入室内外，车顶有摄像头和激光雷达，用于检测路面情况和周围情况；车前有高精度定位设备，用于工作人员对检测车的精准定位，车内有一个电子屏幕，方便工作人员查看检测情况。

（2）功能：检测障碍物；检测冰面是否可滑行；检测园内有损坏；检测可疑分子；检测路人是否携带危险物品。

（3）检测范围：全首钢园区，尤其是游客密集和较为偏僻的地方。

续表

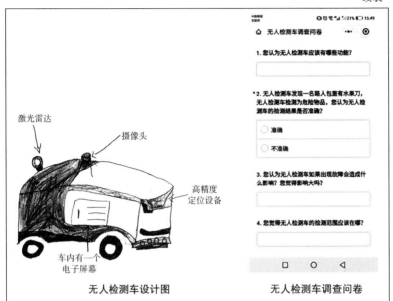

无人检测车设计图　　　　无人检测车调查问卷

5.无人零售车

（1）外形和结构：车顶有雷达和太阳能光板，能够通过太阳能发电，车侧有备用充电口，在阴天时作为备用充电；放物箱为玻璃材质，方便顾客了解售卖物品，放物箱下是取餐口；车头有显示屏和车灯。

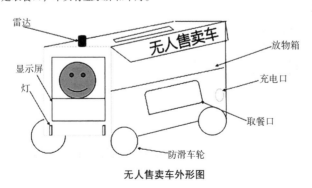

无人售卖车外形图

（2）显示屏：无人购买时，显示为一个笑脸和招手即停，欢迎选购；进入选购界面，会出现可选择的商品，按➕添加商品，按➖减少商品，点击购物车进入商品

续表

结算,付款方式包括微信、支付宝。

无人售卖车显示屏支付界面

(3)售卖货品:根据调查问卷结果确定,分为三类:零食、饮料和生活用品。

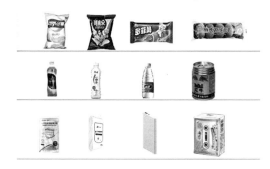

无人售卖车显示屏选购商品界面

三、成果提升

1.理解科技奥运

20世纪70年代开始,美国、英国、德国等发达国家开始进行无人驾驶汽车的研究,在可行性和实用化方面都取得了突破性的进展。中国从20世纪80年代开始进行无人驾驶汽车的研究,国防科技大学在1992年成功研制出中国第一辆真正意义上的无人驾驶汽车,2005年国防科技大学研制成功城市无人驾驶汽车——红旗HQ3,

续表

> 这辆车在 2011 年 7 月 14 日首次完成了从长沙到武汉 286 公里的高速全程无人驾驶实验，创造了中国自主研制的无人车在一般交通状况下自主驾驶的新纪录，现在百度、轻舟智航等多个公司还在继续研究，包括我们在首钢园区里看到无人小巴车、无人出租车等，为什么我们要研究无人驾驶汽车呢？
> 　　无人驾驶技术不仅方便了我们的生活，更是代表着国家科技的进步，是国家强大的表现。我们看到的首钢无人车研制，不仅是为 2022 年首钢园区服务，更是以冬奥会为契机，提升科技水平。科技奥运，是科技与奥运共促进，你们虽然是小学生，但正像首钢园区里的叔叔说的那样，你们是祖国的未来。我希望你们的成果能够发挥它的作用，你们想如何把本组的成果分享给首钢园区的叔叔阿姨呢？
> 　　2.小组讨论，交流
> 　　3.总结
> 　　这次综合实践活动我们围绕着首钢园区的无人车进行了探究，其实首钢园区内还有许多其他的黑科技，我们可以继续探究下去，发挥出你们的智慧与力量。

学习效果评价设计（表 5）

> 评价方式：
> 　　校本课程不同于其他课程的评价，它的评价尽显在丰富的活动中，目的是让不同的学生可以在原有的基础上得到激励和提高。
> 　　即时性评价：评价随时随地穿插在整个活动之中。
> 　　反思性评价：采用"自我参照"标准，引导学生对自己在活动中的各种表现进行"自我反思性评价"。
> 　　综合性评价：在自评、互评的基础上进行综合评价，整理归档。
>
> 评价量规：

评价表			
评价项目	自评 （优秀、良好、加油）	互评 （优秀、良好、加油）	综合评价 （优秀、良好、加油）
承担任务			
参与活动			
与人合作			
提出建议			
展示表达			
感悟创新			

首钢攻略手册设计与制作

杨薇　庞娜

教学基本信息（表1）

课题	首钢攻略手册设计与制作				
学科	综合实践	学段	第三学段	年级	六
相关领域	美术、信息技术				
教材	书名：《爱我家乡石景山》　　出版社：中国林业出版社　　出版日期：2014年7月				

指导思想与理论依据（表2）

　　皮亚杰关于建构主义的基本观点：儿童是在与周围环境相互作用的过程中，逐步建构起关于外部世界的知识，从而使自身认知结构得到发展。儿童与环境的相互作用涉及两个基本过程："同化"与"顺应"。同化是指个体把外界刺激所提供的信息整合到自己原有认知结构内的过程；顺应是指个体的认知结构因外部刺激的影响而发生改变的过程。也就是说综合实践学习要以学生的已有经验和基本知识、基本技能为指导基础，学生最近发展区为教学着力点，通过对学生有针对性的指导，提高学生的核心素养。

　　《中小学综合实践活动课程指导纲要》指出综合实践课程强调学生综合运用各学科知识，认识、分析和解决现实问题，提升综合素质，着力发展核心素养，特别是社会责任感、创新精神和实践能力。

主题教学背景分析（表3）

一、教学内容分析及课时分配

1.教学内容分析

首钢攻略手册设计与制作主题共设计8个课时，学生的学习过程主要经历三个阶段：

第一阶段，前期调查与确定主题。学生明确任务要求，分成小组进行头脑风暴，确定本小组攻略手册的主题，围绕主题初步设计框架。走进首钢园区通过拍照、记录等方式进行实地资料搜集。

第二阶段，作品制作与修改反思。学习手册制作方法，包括首页、扉页、内文页和尾页，学习结合内容进行艺术字设计、插图绘画等技巧，完成攻略手册的制作，同组成员根据评价标准围绕手册内容进行反思修改。

第三阶段，展示交流与作品优化。学生自述与自评，生生互评，教师评价，作品改进与优化。

学科核心素养在本主题中的体现：

价值体认：通过小组合作完成首钢攻略手册的设计与制作，提高学生的合作与交流意识，在设计过程中，把自己对于家乡、祖国的热爱与自豪之情表达出来，提高学生热爱家乡、热爱祖国之情，树立正确的价值观。

责任担当：小组合作过程中，能够完成自己的任务，为小组贡献自己的力量。遇到问题时，能够学会与他人正确交流，懂得通过交流解决问题。首钢攻略手册的设计与制作是学生为初来首钢园区的游客制作的一份便于快速认识首钢的作品，提高学生东道主的责任意识。

问题解决：能够观察到游客在首钢园区的需求，根据需求设计出个性化的路线和内容。

创意物化：根据游客需求，合理选择手册尺寸和内容，进行插图与文字合理搭配，最终完成首钢攻略手册的制作。

2.单元课时分配

课时	活动内容	核心素养
第1—2课时	分小组确定攻略主题，走进首钢园区进行实地考察、搜集资料。	问题解决
第3课时	制作首页和扉页，学习艺术字设计，编写扉页的卷首语。	价值体认、创意物化、责任担当

续表

第4—6课时	制作内文页和尾页，学习资料的筛选与整理，能够根据需求完成景点介绍的改编，掌握图文结合的设计方法。	价值体认、创意物化、责任担当
第7课时	班级内进行展示交流，根据手册的评价标准进行调整。	创意物化、问题解决
第8课时	制作电子评价表，走进首钢园区邀请游客、工作人员进行评价。 反思与修改：根据评价的建议进行修改。	价值体认、创意物化、责任担当、问题解决

二、学生情况分析

学校是全国奥林匹克冰雪示范学校，是北京市第一个冬奥社区的辖区学校，和首钢的距离非常近，学生多次走进首钢园区进行实践活动，对首钢园区较为熟悉。学生已进行过两次综合实践活动，对于小组合作、搜集资料较为熟悉，具有一定的综合实践活动基础。

但学生缺少对于事情的系统性思考，对首钢园区的认知未能形成体系，需要重新进入首钢园区搜集资料，设计参观路线。在手册设计上，学生对于手册的结构和内容设计不够了解，不能够把握文字的大小、插图的选择、图文结合的多种方式。在手册编写上，学生对于景点介绍的文字筛选和改编能力不够，需要教师能够在学生制作时提供知识辅助。

主题教学目标（表4）

1. 知道一本书的结构和各部分的功能，能够每个小组完成一本首钢攻略的制作，包括首页、扉页、内文和尾页。
2. 能够提升合作交流、问题解决、设计制作、语言表达等能力。
3. 通过查资料，搜集首钢园内的相关信息，对资料进行整理，改写为景点介绍。
4. 学会手册页面整体设计，能够做到图文结合，色彩和谐。掌握结合文字内容设计艺术字的方法。
5. 关注冬奥会，热爱家乡，愿意为家乡作贡献。

主题教学过程设计（表5）

第1课时：确定活动主题		
教学活动设计		
环节一：主题引入		
教的活动	学的活动	设计意图
1.播放北京冬奥会申办成功视频，首钢滑雪大跳台宣传视频 2.提问：你对首钢园区有哪些了解？	观看、思考、互动	激发学生参与活动的兴趣。
课程资源：多媒体设备、PPT演示文稿		
环节二：引发思考		
1.播放视频：一名外地游客想要来北京感受冬奥会气氛，但对北京不太熟悉，想要得到帮助。 2.你有什么好的建议吗？ 3.带领学生对建议进行筛选，去掉重复的和实现不了的建议。 4.明确任务：制作一本攻略手册，帮助初次来到首钢园区的游客快速了解这里。	聆听、思考、互动	创建真实情景，引发学生思考。 明确活动任务。
课程资源：多媒体设备、PPT演示文稿		
环节三：分组讨论		
1.你们打算做什么主题的攻略手册？包含哪些内容？	小组讨论，完成学习单	头脑风暴，思考特色主题，梳理内容，完成初步设想，为后续的搜集资料作准备。
评价任务：完成学习单		

续表

环节四：确定攻略手册内容		
1.出示其他攻略手册，了解手册的基本内容。 2.总结交流。	1.学习 2.分享 3.交流	讨论交流，进一步完善计划。

第2课时：搜集资料

教学活动设计

环节一：明确任务

教的活动	学的活动	设计意图
1.明确活动范围和时间。 2.讲解小组活动时注意事项，提醒学生注意安全。	聆听	为实践活动作准备。

环节二：小组实践活动

教的活动	学的活动	设计意图
1.小组成员在组长的带领下在首钢园区搜集资料，通过拍照、文字等方式记录信息。	1.小组搜集资料	走进首钢园区进行实地资料的搜集，为后续作准备。

环节三：资料整理

教的活动	学的活动	设计意图
1.组织学生对资料进行整理，确认搜集到的资料是否全。 2.上网查询资料的方法讲解。	1.整理资料 2.网络查询资料	帮助学生掌握整理资料的方法，能够对缺少的资料进行网络查询。

第3课时：制作首页和扉页

教学活动设计

环节一：新课导入

教的活动	学的活动	设计意图
1.回顾学校冰雪课程。 2.视频介绍前期实践活动开展，引出本节课主题。	课前准备	确认上节课进度，帮助学生接续所学内容。

续表

环节二：学习文字撰写		
1.了解攻略的目的。 2.各小组说明本组攻略的目的。 3.了解攻略手册的基本结构：首页、扉页、内文页、尾页。 4.首页标题设计。 举例说明：本次综合实践活动的课题为"首钢跃然纸上"的设想。 5.扉页卷首语的设计。 学习提示： （1）卷首语写给谁的？ （2）本攻略主要内容是什么？最吸引人的点是什么？ （3）语言如何表达更吸引人？	分享 交流 各小组修改后的标题：首钢新生；首钢一日之旅；舌尖上的首钢；畅游首钢冰雪；首钢古迹的秘密	了解攻略手册的结构，能够根据内容设计出有创意的标题。 学习通过文字表达自己对首钢园区的赞美。
课程资源：多媒体设备、PPT演示文稿		
环节三：首页标题字体设计		
1.观察标题的特点。 2.标题文字设计的方法：在设计的过程中加入传达内容进行设计。 3.以"冬"字为例，教师示范。注意在设计的过程中先画大轮廓，然后添加细节进行装饰。	1.聆听、互动 2.尝试设计	学会设计艺术字的方法，能够设计出突出手册内容的标题文字。
环节四：卷首语页的设计		
1.卷首语也叫说明文字，相对于扉页的标题文字要略小，轻松活泼，要把具体内容表达清楚。颜色上也要与大标题区分开，不要逐字换色，顶多一行文字换一种	聆听、尝试设计	学会卷首语页面设计，能够把握标题文字与内容文字大小，掌握插图的选择方法。

107

续表

颜色,以免让人眼花缭乱。 2.如何选择颜色,理解不同颜色的象征意义。 3.装饰图案与插图的选择。		
环节五:展示与交流		
学生进行首页和扉页的展示,根据建议进行修改。	展示、分享、交流	懂得合作与交流,学会倾听他人建议。
评价任务:完成首页和扉页的制作,页面设计有特点。		

第4—6课时:内文页与尾页的设计制作

教学活动设计

环节一:新课引入

教的活动	学的活动	设计意图
回顾上节课所学内容。	课前准备	确认上节课进度,帮助学生接续所学内容。

环节二:内文页设计与制作

1.欣赏经典案例的内文页,总结内文页文字特点。 2.设计内文页页数、每页主要内容。 3.结合资料撰写内文页文字内容。	观看、学习、实践	帮助学生了解内文页的撰写方法,能够根据需求改写资料。

环节三:尾页设计与制作

1.观察书籍尾页内容,确定尾页组成内容:设计者、logo、结束语等。 2.小组完成尾页设计。	观看、学习、实践	帮助学生了解尾页设计策略,能够制作出精美的尾页。

续表

环节四：展示与交流		
1.小组展示内文页和尾页的设计。 2.根据修改建议进行修改。	展示、交流、修改	培养学生反思的习惯，能够不断优化攻略手册设计。

评价任务：内文页和尾页内容完成度和精美度。

第7课时：展示与交流

教学活动设计

环节一：新课引入		
教的活动	学的活动	设计意图
1.回忆活动缘起,确认评价标准。 2.回顾前期工作。	课前准备	确认上节课进度,帮助学生接续所学内容。帮助学生规划评价标准,能够根据需求设计评价标准。

环节二：展示与交流		
1.小组展示攻略手册,并进行讲解。 第一组：首钢古遗迹的秘密 第二组：首钢一日之旅 第三组：畅游首钢冰雪 第四组：首钢新生 第五组：舌尖上的首钢	展示、交流、评价	根据评价标准进行评价。

课程资源：PPT、多媒体设备

环节三：修改完善		
小组整理修改建议,并根据实际情况进行修改。	调整、修改、完善	整体查看作品,根据建议进行修改完善。

109

续表

第8课时：作品检验		
教学活动设计		
环节一：新课引入		
教的活动	学的活动	设计意图
回顾上节课内容。	课前准备	确认上节课进度，帮助学生接续所学内容。
环节二：设计电子评价		
1.提出问题：如何检验攻略手册的实用性呢？ 思考点：手册使用对象是谁？攻略手册内容是否简单易懂？ 2.总结检验内容，汇总成测试问题。 3.制作电子评价问卷（利用问卷星）。	1.倾听、思考 2.制作	懂得如何检验作品的实用性，能够换位思考。
环节三：作品检测		
1.走进首钢园区，邀请游客填写调查问卷。 2.汇总评价建议。	1.调查 2.汇总 3.反思	组织学生进行实地调查，完成检验工作。

主题学习效果评价及学习单设计（表6）

1.主题学习效果评价	
（1）评价目标：	
核心素养	首钢攻略手册设计与制作评价目标细目
价值体认	1.在活动时积极参与，愿意与小组成员合作。 2.首钢攻略手册展现了家乡的特色。

续表

责任担当	1.在小组活动中，能够承担并完成一定的任务。
问题解决	1.在手册设计时，能够关注到游客的需求，并提出解决方案。 2.学生能够在遇到问题时，提出解决问题的办法，并进行尝试。
创意物化	1.学生了解攻略手册的结构。 2.学生能够根据色彩搭配原理完成手册的涂色，对手册中的文字选择合适的大小，使整个手册页面呈现视觉美。

（2）评价内容与方式：

综合实践活动情况是学生综合素质评价的重要内容，要以促进学生综合素质持续发展为目的设计与实施综合活动评价。本主题活动采用过程性评价与终结性评价相结合的方式。过程性评价是对学生课堂学习的表现进行评价，包括活动参与度和课时任务完成度，共计60分。终结性评价是针对单元作品的质量评价，包括展示交流的表达情况和作品情况，共计40分。

表1：

评价方式	评价时间	评价形式		总评权重
过程性评价	每节课后	学生自评70%	教师评价30%	60%
终结性评价	成果	学生自评20%	学生互评20% 教师评价60%	40%

表2：

终结性评价表			
评价维度	合格（三星）	良好（四星）	优秀（五星）
实用性	攻略内容准确	攻略内容翔实	攻略内容翔实，且具有指导性
美观度	图文结合	文字工整、插图精美	插图和文字内容一致，且有精心设计
创新性	手册或讲解时有一两处小设计	手册和讲解均有创新	手册内容排版精心设计，讲解具有创意

续表

表3：

日常评价表			
评价项目	评价内容	分值	得分
课堂常规	按时上课，无迟到、早退、旷课。 课上认真听讲，积极参与讨论。	5分	
任务完成	能够抓紧时间完成本节课任务，能够在小组合作中承担一定的任务并完成好。	10分	
资源使用	爱护教室卫生，工具使用完毕归放原处。 合理使用资源，节约使用各种耗材。	5分	

2.学习单设计

第1课时学习单

首钢学习单

学习提示：
1.想一想首钢园区内有哪些特色？把头脑风暴的内容都记录下来。
2.看一看记录的内容，你觉得游客最想了解哪些内容，圈出来。
3.根据圈出来的内容，确定攻略主题。

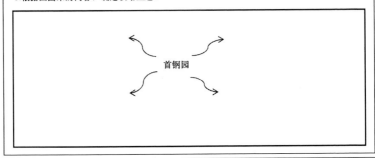

续表

第 2 课时学习单

学习单

一、卷首语

提示：1.卷首语是写给谁的？
　　　2.本攻略主要内容是什么？最吸引人的点是什么？
　　　3.语言如何表达更吸引人？

_____

_____

_____

_____

二、任务清单

姓名	任务

续表

第3—5课时学习单

内文制作学习单

一、内文结构

二、文字选择

第一页：
第二页：
第三页：

续表

```
┌─────────────────────────────────────────────┐
│              第 6 课时学习单                 │
│              电子评价表学习单                │
│  任务要求：                                  │
│  1.设计电子评价表内容，根据内容需求设计4—5个问题。│
│  2.学习微信小程序"问卷星"的使用方法。        │
│  3.完成电子评价表的制作。                    │
│      ┌───────────────────────────┐          │
│      │      电子评价表问题设计    │          │
│      │   问题 1：                │          │
│      │   问题 2：                │          │
│      │   问题 3：                │          │
│      │   问题 4：                │          │
│      │   问题 5：                │          │
│      └───────────────────────────┘          │
└─────────────────────────────────────────────┘
```

单元教学特色分析（表7）

1.创设真实情景，构建真实学习

主题活动是基于一个真实的需求，为学生搭建一个真实的情景，让学生能够解决实际生活问题，首钢园区是学生熟悉的活动场所，也是2022年北京冬奥会举办的重要场地之一，首钢攻略手册制作活动能够激发学生东道主的意识，提高学生热爱家乡的情感，在这种感情下，学生开展真实的学习，整个活动过程以学生的活动为主，以教师的指导为辅。

2.设计学习任务，让活动有支点

活动实施时，将任务目标对应拆解成多个小任务，通过多个学习单的支撑，引导学生逐渐完成学习、理解、思考、实践、反思的全过程。脚手架不仅能帮助学生完成任务，更是一种方法的指导，通过阅读、填写、反思学习单内容，帮助学生掌握思考的方法。

3.多门学科联动，提高综合素养

在实践活动中，教师引导学生主动运用多门学科知识分析解决实际问题，使学科知识在综合实践活动中得到延伸、综合、重组与提升，加深拓展学生实际解决问题的能力，提高学生的综合素养。

第3课时的教学目标、教学重点和难点（表8）

1.教学目标

（1）了解攻略首页和扉页的内容和特点，能够通过筛选等方式写出合适的标题和卷首语。

（2）能够合理利用色彩和形状变化设计标题文字、选择适当的插图。

（3）热爱家乡，关注和支持北京冬奥会。

2.教学重难点

重点：完成首页和扉页的制作。

难点：写出有特色的标题和卷首语，页面设计有创意。

第3课时的教学过程（表9）

一、导入

1.回顾学校冰雪课程

学校从2015年开始带领学生观看冰雪运动比赛，参加市区级活动，慢慢形成了特色冰雪课程。通过两个路径，完成三个根本任务：学习冬奥知识，掌握运动技能，传播冬奥精神。

2.视频介绍本班冰雪课程的开展，引出本次综合实践活动的主题。

在这几年中，学生多次走进首钢园区，见证了园区翻天覆地的变化，随着2022年冬奥会的到来，越来越多的人来到首钢园区观看比赛，学生希望把自己对首钢园区的认识和感情讲给其他人听，于是开始了本次综合实践活动——设计首钢园区攻略，让首钢跃然纸上。

二、学习文字撰写

（一）了解攻略的目的。

攻略：词语源自汉语成语攻城略地的简写，现代汉语中通常用于生活的方法和指南。比如旅游攻略，帮助人们规划路线和行程，了解哪里有好吃的好玩的。

你们组设计首钢攻略的目的是什么呢？

小组一：帮助来首钢园区的人了解哪里有美食，每个餐厅的特色。

小组二：让来观看冰雪比赛的人快速找到场馆位置，了解首钢场馆的改造历史。

小组三：引导人们参观首钢园区的古建筑遗迹，了解石景山区的文化历史。

小组四：向人们展示首钢园区的工业遗迹，展现首钢对工业建筑的巧妙再利用。

小组五：向初次到来首钢园区的游客推荐一条集吃喝玩乐于一体的旅游路线。

续表

（二）了解攻略手册的基本结构

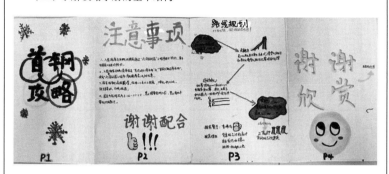

1.以学生之前制作的攻略手册举例，介绍手册的基本结构包含四部分：首页、扉页、内文、尾页。

2.明确本节课学习目标：修改完善攻略手册的首页和扉页。

（三）首页修改

1.观察首页包含哪些内容？标题+图片

2.出示范例首页，对比不同，发现问题。

预设：范例首页的图片更加精美，充满整页。

3.出示五个小组原先的标题，发现问题。

标题：首钢工业遗迹攻略　　首钢古遗迹攻略　　首钢攻略

　　　首钢美食攻略　　　　首钢一日游攻略

问题：标题虽明确但过于单一，缺少创意。

4.举例说明：本次综合实践活动的课题为"首钢跃然纸上"，灵感来源于学生的一句话：一张纸制作首钢攻略，"纸"这个字突出了本次课的特点，把首钢丰富多彩的内容生动地呈现在简单的纸上，这个标题既明确了内容又有新意。

5.学生分小组谈论标题名称，写在黑板纸上。

五个小组修改后的标题：

首钢新生　　首钢一日之旅　　舌尖上的首钢　　畅游首钢冰雪　　首钢古迹的秘密

6.学生分享标题的设计理念。

（四）扉页卷首语的撰写

1.扉页写什么内容？

续表

2.出示学习提示。
3.小组交流，把卷首语写在学习单上。

> 学习提示：
> 1.卷首语是写给谁的？
> 2.本攻略主要内容是什么？最吸引人的点是什么？
> 3.语言如何表达更吸引人？

4.全班分享。
小组修改后例子：

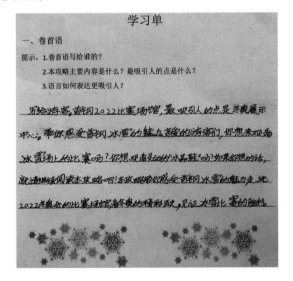

三、首页标题字体设计

（一）观察标题的特点

出示 PPT，请同学们认真观察：标题性文字是很重要的视觉传达符号，标题文字无论从大小、颜色、字形上都要有突出、醒目的特性。不必排列得太整齐，可以呈波浪形、"V"字形、弧形、左右倾斜等，也可以带有装饰性。

（二）标题文字设计的方法

PPT 出示图片：比如特种兵、森林、布、胖胖字、papas 等。

续表

在设计的过程中加入传达内容进行设计。

如"布"字的设计,从物体的材质和花纹入手,融入了小碎花这种元素,即便不出示这个字,我们也能联想到柔软的布料。

配合要传达的内容进行设计字体会更醒目,更有辨识度。

(三)以"冬"字为例,教师示范

通过"冬"我联想到冬天的寒冷,以及白雪皑皑的景象,那么在设计时,我选用了蓝色。为了让字体更加丰富,我选取深蓝和浅蓝两种颜色上色,为字体渲染出立体效果。我希望寒冬里能多一些温暖,再加入围巾和帽子的元素。最后加入少量花纹进行点缀,这样一个字就设计好了。

要注意在设计的过程中先画大轮廓,然后添加细节进行装饰。

四、卷首语的书写规范

卷首语也叫说明文字,相对于扉页的标题文字要略小,轻松活泼,要把具体内容表达清楚。颜色上也要与大标题区分开,不要逐字换色,顶多一行文字换一种颜色,以免让人眼花缭乱。

五、如何选择颜色

不同颜色给人们的感受也是不同的,如:

1.红色象征着:热烈、喜庆、幸福、警觉、危险……

2.绿色象征着:平静、安全……

3.蓝色象征着:纯净、理想、永恒……

4.黄色象征着:光明、希望、愉快……

在创作的过程中,要合理地利用色彩的象征意义,把颜色恰当组合,表达自己的情感。

在标题颜色的选择上应尽量选择醒目的颜色。

六、装饰图案和插图的选择

1.装饰图案在颜色的选择上要更柔和、图案简洁易画,配合主题,造型美观可爱,起到均衡构图、活跃版面的作用。

2.画插图时要注意三点:

①图文结合

②不要喧宾夺主

③可以用其他纸材剪贴

七、完成首页和扉页制作

1.首页的形式多种多样,不仅可以做成平面的,还可以做成立体的或者拼贴形式的,请开动你的脑筋,开始制作吧,要求:以小组为单位完成本组首页设计。

附件1：

学习单

一、卷首语

提示：1.卷首语是写给谁的？
　　　2.本攻略主要内容是什么？最吸引人的点是什么？
　　　3.语言如何表达更吸引人？

_____

_____

_____

_____

_____

二、任务清单

姓名	任务

附件 2：

	第 3 课时自评表			
	三星	二星	一星	自评
任务完成	课堂上已完成全部任务	课堂中只完成了部分任务	课堂中没有完成任何一项任务	
组员表现	小组成员全部表现优异	小组成员有 1—2 人没有认真参与	小组成员配合不好	
成果评价	攻略首页和扉页制作精美，图文并茂	攻略首页和扉页图文并茂，但不够精美	攻略首页和扉页字迹潦草，图片不精美	

京西民俗馆主题课程

历史的承载——老物件里的民俗文化

刘艳春

一、以老物件为载体品味民俗文化实践活动的提出

民俗作为华夏历史文化的一种体现，是不同地域、不同民族在长期生活中逐步形成的风尚、礼节、习惯的总和。民俗学专家指出：民俗文化是一切文化的母体。然而，民俗所具备的教育功能长期以来却常被忽视，尤其是如今的青少年对我国传统民俗文化方面的知识十分贫乏。民俗文化的范围很广，那么多的民俗文化从何处入手让学生们来了解呢？我陷入了深深地沉思，突然，一次教师参观活动的画面在我的脑海中闪过，那就是我们教师在京西五里坨民俗陈列馆参观的场景，老师们对那些留有斑驳岁月之痕的老家具、老农具、老工具、老生活用品产生了极大的兴趣，对一些展品看了又看，摸了又摸，这些老物件穿越了父母的一代青春，又陪伴了我们整个童年。这些老物件不都是时间的印记、历史的记载、民俗文化的体现吗！对，就以老物件为载体，通过亲身体验了解民俗文化，使学生了解在各种民俗活动中包含的文化内涵。了解民俗文化的价值，从民俗文化的沿革和变化中体会社会的进步和发展。

二、以老物件为载体品味民俗文化实践活动的探究过程

（一）了解京西五里坨民俗陈列馆

首先我们请到了京西五里坨民俗陈列馆的李馆长为孩子们做一次讲座。

位于石景山西北部的五里坨是京西古道上的一座古村落，是门头沟通往北京城的必经之路，也曾是京西运煤的一条交通要道。五里坨至今仍有不少煤业大户留下的百年民居。这些民居具有典型的京西古建特色，如供马车进出的大门道、将整个屋脊分成三组的"分脊花"、隔开前院和后院的屏门等，都是京西古民居中独有的设计。如今，五里坨被规划为生态建设区，整个地区处于拆迁安置中，与此同时不少住户也提出，希望祖辈流传下来的古民居能得以保存，"京西五里坨民俗陈列馆"应运而生，初具规模。

它是一处青砖灰瓦的四合院群，在经历了约 200 年风霜的王家大院基础上修缮而成。在陈列馆约 800 平方米的文化广场两侧，分别有两个古香古色的四合院落。左侧的院落，包括民俗陈列馆、学礼斋、国学书屋等，其中最显眼的民俗陈列馆，赫然挂着"院子里的故乡"的牌匾。五里坨村改建后，村民把老家具、老工具等物件留在了王家大院，成为民俗陈列馆里的一部分。一共收集了老家具 300 多套、老生活用品 200 多件和老生产工具近百件，这里也成了回迁居民找寻回忆的地方。

（二）围绕老物件提出感兴趣的问题

听了李馆长的介绍，孩子们的兴趣一下子被调动了起来，提出

了很多问题:

  1.陈列馆一共收集了多少件展品?

  2.展品是谁捐赠的?有多少年的历史了?

  3.这么多的老物件是怎样整理、分类的?

  4.这些老物件是干什么用的?

  5.现在这些老物件的价值是怎样的?

  6.这么多的老物件是怎样管理的?

  7.展品没有介绍,展馆也没有讲解员,如果遇到问题谁来给解决?

(三)走进京西五里坨民俗陈列馆初识老物件

  孩子们把这些感兴趣的问题进行了筛选,把提出的问题分成了四类探究的小主题。第一类:家具;第二类:瓷器;第三类:农具;第四类:生活用品、玩具。根据学生的探究兴趣、探究能力,分成了四个探究小组。在组长的带领下制订了活动方案,组员进行了分工,一切准备工作就绪,于是我们师生走进了京西五里坨民俗陈列馆,对这些老物件一探究竟。有的负责拍照,有的负责记录,有的负责询问……

(四)整理资料完成老物件分类

  从陈列馆回来以后,每个小组都面对上百件的老物件照片,很多老物件连名字都不知道,更别提了解它的用途了,觉得整理起来没有头绪,于是我们师生进行了多次的讨论,最后决定把认识的老物件先整理出来,不认识的把图片打印出来,再联系李馆长,找到捐赠人寻找答案,这样有一部分老物件的问题解决了,但是有的老物件连捐赠人都不清楚,于是我们又请教了有关方面的专家,就这样一次又一次地探讨，一次又一次地请教，终于把这些老物件的问题解决了。最后又根据老物件的特点、用途进行了细致的分类，每个小组都整理出了一套完整的资料。

（五）设计展板

资料整理出来了，怎么把这些资料呈现出来呢？我们经过反复商议决定采用展板呈现的方式，于是孩子们又围绕着各自的探究主题开始设计展板小样，力求把每一个类别中的精华采用不同的布局方式呈现出来。我们请了专业设计师。孩子们把自己的想法和设计师反复沟通。最终达成共识，展板设计好了！

（六）我是"小小讲解员"传播民俗文化

为了把自己掌握的有关老物件所蕴含的民俗文化知识传递给其他同学，孩子们决定做一回"小小讲解员"，精心准备解说词，并且多次练习，就是为了一个目的：让更多的人去品味历史，品味古人的聪明才智，品味民俗文化，留住传统文化的根脉，将中华传统文化发扬光大！2017年5月30日学校开展了"体验传统文化"的主题活动，借此契机我们把教室布置成了微缩陈列馆的样子，有展板的介绍，有实物的介绍，有照片、绘画作品的介绍，孩子们佩戴上"小小讲解员"的绶带有模有样，活动受到了师生的一致称赞！

（七）以老物件为载体体验民俗文化

岁月如梭，往事如梦。如今的北京城，已难寻四合院里"天棚、鱼缸、石榴树"的美景。但那浓浓的大院情怀、胡同里的别样生活，依旧埋藏在人们的记忆深处。随着时代的变迁，曾经的往事已成为人们追忆过去的美好故事，这些曾经拥有和使用过的老物件，已经成为承载历史、展现岁月足迹的精神家园。

"我是小小讲解员"活动结束以后,孩子们都选择了一件自己感兴趣的老物件来学习,来体验。有的选择了算盘,有的选择了太平鼓,有的选择了盘扣……利用课余时间孩子们向学校老师请教,向课外专业教师请教,向家长请教……孩子们都沉浸在体验活动之中,感受到中华传统民俗文化的魅力,把自己的收获和他人分享,其中选择民间游戏"滚铁环"的同学们,还向学校发出倡议:建议学校开展"民间游戏进校园"活动。让同学们在活动中领略民间游戏的丰富多彩,玩出兴趣,玩出快乐,玩出智慧。

三、以老物件为载体品味民俗文化实践活动的探究成果

历经了几个月的时间,以老物件为载体,孩子们通过亲身体验,从对民俗文化的一无所知到了解,到传播,到体验,来品味民俗文化,从小树立了传承、弘扬民俗文化的使命感。

(一)激发了学生品味民俗文化的兴趣

苏霍姆林斯基曾经说过:"在人的心理深处都有一种根深蒂固的需要,这就是希望自己是一个发现者、研究者、探索者。而在儿童的精神世界中,这种需要特别强烈。"作为实践活动学习主体的小学生,在面对源远流长的中国传统民俗文化时,会产生无比激情和盎然兴趣。心理学研究也表明:当人对某种事物充满兴趣的时候,对与之有关的知识往往接受迅速而且印象深刻。因为以老物件为载体品味民俗文化的活动,学生体会到了探究的乐趣,从一无所知到认识,到了解,到体验,整个过程学生的热情很高。由此可见,

学生对品味中华传统民俗文化的兴趣被大大地激发了。

（二）提高了学生搜集处理信息的能力

信息时代，掌握了信息就是获得了财富。在实践活动中，学生要完成一个小课题，解决小问题，就需要动用各种手段来获取信息，并把得到的信息进行分类整理，恰当地利用。一个课题完成了，问题解决了，学生搜集和处理信息的能力自然而然就会得到锻炼及提高。

（三）提高了学生的语言表达能力

为了把自己掌握的有关老物件所蕴含的民俗文化知识传递给其他同学，孩子们决定做一回小小讲解员，精心准备解说词，并且多次演练，讲解活动获得成功。

小小讲解员金鑫范有感而发："以前我以为讲解很简单，很容易，只要把相关的内容说出来就行了，其实并非如此！讲解是一门语言艺术，它要求讲解员既要掌握相关的知识，还要条理清晰、声情并茂，让观众既感到亲切，又容易接受——这可不是一件容易的事！这次民俗文化的体验活动，真是太有意义了，它既让我学到了很多有关民俗文化的知识，又锻炼了我的胆量和口才，更重要的是把这些知识讲给更多的同学听，让大家了解我们中国的传统民俗文化。"

（四）增强了传承中华传统民俗文化的责任感

心理学认为：责任感是学生学习的一个广义的、概括的、长远的动机，在长时间内起作用，从而使学生的学习活动具有一定的方向和意义。尊重和体现学生的主体地位是教育的基础，也是社会责任感培养的前提。

通过这次活动，孩子们深深地体会到：其实这些风俗习惯并不是固定的，而是随着社会的发展而逐渐改变的，我们今天体验的传统民俗也是一个从无到有的发展过程，如果现代社会中的某些行为也能被大众接受认可，也可能会成为约定俗成的习惯而一直流传下去。在物质经济日渐丰盛的今天，人们更需要回归，怎样将传统的习俗保留下来？如何在日新月异的社会中保护传统文化？如何让这些尘封历史的老物件焕发出新的时尚气息？需要我们每一个人去思考，去传承！

主题活动的开展，让学生有了真正的自我感受，在实践中提高了对责任的认知，知道了何为责任心，怎样才是有责任心，让学生真切地体验到责任心离我们并不遥远，它就在我们的身边，更让学生感受到责任心就是自己的实际行动，了解中华传统民俗文化、热爱中华传统民俗文化，弘扬中华传统民俗文化的意识慢慢沁入学生的心灵。

模式口驼铃古道主题课程

驼铃古道之模式口

李晨迪

教学基本信息（表1）

课题	驼铃古道之模式口					
学科	综合实践	学段	第三学段		年级	五
相关领域	美术、信息技术					
教材	书名：《爱我家乡石景山》　　出版社：中国林业出版社　　出版日期：2014年7月					

指导思想和理论依据（表2）

综合实践活动课程是从小学三年级到高中阶段的一门必修学科，它是在教师引导下，学生自主进行的综合性学习活动，是基于学生经验，密切联系学生自身生活和社会实践，体现对知识的综合应用的实践性课程。

综合实践活动打破了学科界限，将综合性知识、学科性知识和学生感兴趣的问题整合起来。通过学生主体性、探究性、创造性的学习过程，突出了学生主体地位，最大限度地促进学生身心和谐统一发展。本次综合实践活动主题结合了石景山区西部独特的地理位置、人文历史以及我们生活的社会发展状况，引导学生进行综合实践活动，让每位学生深深了解到石景山区驼铃古道之模式口的历史、文化以及现状，同时注重对学生进行综合实践能力的培养，让综合实践活动成为学生成长的乐园。
一、培养实践能力；二、培养学生的口语表达能力；三、培养学生的创新能力；
四、培养学生搜集资料、处理信息能力；五、培养学生合作交往的能力。

教学背景分析（表3）

选题背景分析：

社会主义核心价值观倡导爱国，作为石景山区西部小学的一名学生，我们的家乡石景山有着灿烂的历史文化，而离我们最近的模式口就是其中之一，模式口作为驼铃古道中重要的一部分，其内部蕴含着丰富的历史遗迹，而身为小学生的我们应该对家乡石景山有更为深入的了解，通过爱家乡、了解家乡从而更热爱我们的祖国。

本班学生在上学阶段已经阅读过老舍先生的《骆驼祥子》，从而认识、了解了模式口。所以综合以上原因我设计了本次综合实践活动《驼铃古道之模式口》。

学生情况分析：

本班学生在四年级时，参加过"走进驼铃古道"等综合实践活动，对制订活动计划、小组分工合作、展示交流等各个环节比较熟悉，积累了一些活动经验，且对综合实践活动兴趣浓厚，有利于开展本次活动。并且五年级的学生已经初步具备了独自从互联网、书籍上搜集处理信息的能力，分析解决简单问题的能力，合作意识也在逐步形成，能与他人合作交流。

前期教学状况：

第一阶段，提出问题，学生在探访驼铃古道前对驼铃古道提出设想。

第二阶段，实地考察，学生亲身走访驼铃古道之模式口了解其历史、文化及现状。

第三阶段，学生交流，学生利用课下时间了解驼铃古道之模式口的历史文化并利用课上时间对其现状进行分析并提出疑问。

第四阶段，小组合作初步完成综合实践活动研究报告。

教学目标（表4）

1.了解家乡驼铃古道之模式口的历史、文化以及现状，提出问题，整合问题，通过自己的亲身调查提出建议，培养学生爱家乡、护家乡的意识。

2.在小组活动中，培养学生主动承担组内工作、认真负责、充分准备，体会组内团结合作、分工明确、合作学习的重要性。

3.在展示过程中，敢于当众表达自己的想法，能够清楚表达研究过程，能运用恰当的方式，自信地展示探究结果。

4.感受亲身体验和积极实践的快乐，提高自我认识，发展社会责任感。

教学流程示意（表 5）

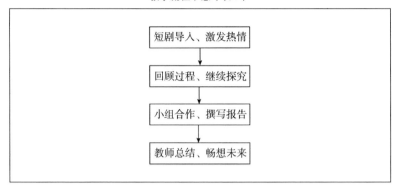

教学过程（表 6）

一、短剧导入、激发热情

瞧，骆驼队来了……

它们驮着煤，排列成一长串，沉默地走着。你听，它们脖子上系着的铃铛正在"叮当~叮当~"作响，它们打西边门头沟而来，经过一路颠簸，来到了三家店，看！它们正在经过三家店呢。过了三家店，它们就一路奔东，朝着北京南城走去。它们要经过五里坨、模式口。你瞧，这不刚一会儿，就到了久负盛名的模式口，现在，它们要在模式口稍作休息。

今天我们继续走进驼铃古道、走进驼铃古道中的模式口。

【设计意图】上课伊始，通过小短剧导入，让学生在观看的同时回忆起驼铃古道的来历，同时激发学生继续学习和探索的热情。

二、回顾过程、继续探究

（一）第一阶段——参观

今年 5 月，石景山老干部协会的于老师来校为我们讲解了驼铃古道，讲解了模式口，紧接着，我们步行前往驼铃古道中的模式口进行实地考察，现在让我们回顾一下。

（二）第二阶段——发现问题

回来之后我们利用课下的时间了解了模式口的灿烂历史，并一起回顾了模式口现在的模样，最终把我们眼中模式口的样子填写在了表格中。

续表

驼铃古道之模式口	
活动时间	
小组成员	
我眼中的模式口	

通过整理,我们发现模式口在同学们眼中是这样子的。

1.模式口街道很窄

2.临街出现很多商铺

3.昔日的商旅、进香功能消失

4.田义墓的石像出现了裂缝、石柱倒塌

5.田义墓石像上的花纹消失

6.法海寺街道变成了菜市场

7.模式口的街道变得很乱

8.模式口以前的古风建筑变成了民居

9.古老的四合院保存比较完整

10.人和车都要经过一条很狭窄的道路,十分危险

11.部分墙壁倒塌

……

(三)第三阶段——提出问题

曾经的模式口作用重大、名声大,但是看到现在模式口的样子,同学们心中产生了不少疑问。于是我们利用课上的时间,将心中的疑问写了下来。

驼铃古道之模式口	
小组成员	
产生的疑问	

续表

同学们产生的疑问：
1. 为什么田义墓的石像出现裂缝、花纹消失？
2. 为什么四合院现在这么少？
3. 为什么四合院上的墙皮脱落、壁画消失？
4. 为什么法海寺的壁画不对外开放？
5. 为什么失去了曾经的运输功能？
6. 为什么曾经这里会有太监墓穴？
7. 为什么会出现许多临街商铺？
8. 为什么模式口变得这么混乱？
9. 为什么模式口的街道会这么窄？
10. 骆驼当年是如何通过这么窄的街道的？
11. 为什么模式口的墙塌了没人修？
12. 模式口怎么才能让更多的人知道？
13. 居民生活如何？
14. 居民生活如何改善？
15. 为什么模式口不拆除重建？
16. 模式口未来会有怎样的发展和变化？
……

（四）第四阶段——整理问题
同学们心中的疑问还真不少，最终我们运用学习过的方法进行汇总、筛选、整合，确定了五个最有价值的探究主题。
出示探究主题：
1. 为什么文化古迹被损坏得如此严重？
2. 怎么解决居民生活环境混乱的问题？
3. 为什么模式口能完整地保留下来？
4. 模式口如何被众人熟知？
5. 驼铃古道之模式口的未来。
【设计意图】：通过对综合实践活动过程的回顾，让学生明确我们探究问题的具体实施过程。

三、小组合作、撰写报告
（一）撰写综合实践活动研究报告
我们根据同学们的能力和意愿分成了五个小组，他们分别是：古迹精英组、解

续表

决之神组、胜利小组、弘扬文化组以及创想未来组。现在，如果你是驼铃古道之模式口的总策划师，你该如何解决你所遇到的问题呢？下面请你们集思广益，来解决所探究的问题吧。

驼铃古道之模式口研究报告	
探究主题	
小组成员	
问题提出背景	
调查方法	
结论及合理性建议	

预设一：

驼铃古道之模式口研究报告	
探究主题	为什么文化古迹被损坏得如此严重？
小组成员	路瑶　王介民　曾妍　焦名宽　刘欣畅
问题提出背景	今年，石景山老干部协会的于爷爷来校为我们讲解了驼铃古道，同时也介绍了它的功能和模式口的历史遗迹，在我们心中模式口的遗迹精美绝伦。近日，我们再一次走访了驼铃古道中的模式口，走到田义墓里一看，它里边的遗迹与我们想的完全不同，精美的石柱已经出现了裂缝，石像上边的雕刻已经模糊不清。大街上四合院墙皮已经脱落。正是因为看到了这些，我们深感疑惑，最终我们把探究主题定为：为什么文化古迹被损毁得如此严重？

续表

调查方法	1.实地考察　2.上网查询　3.询问村民
结论及合理性建议	经过我们调查，我们认为模式口文化古迹被损坏的原因主要可能有两点。(1)模式口作为驼铃古道上非常重要的一部分，它的历史悠久，加上田义墓等建筑都已年代久远，年年经受风欺雪压，所以自然原因造成损坏。(2)法海寺、承恩寺、田义墓作为历史遗产被参观，并且模式口村作为一个自然村落，人员较复杂、街道狭窄，人们并没有认识到保护自然遗产的重要性，没有意识到保护古迹的重要性，部分人为原因可能造成了古迹的损坏。 　　合理化的建议：1.为了保护古迹不被损坏，所以应该整治街道周围环境。2.在宣传栏张贴保护文化古迹的重要性，让村民从心里认识到保护古迹的重要性。3.寻找专业的古迹修复人员，将古迹破损的地方重新修缮。4.将古迹作为重点加以保护。5.将不文明的游客列入黑名单，不允许继续参观……

预设二：

驼铃古道之模式口研究报告	
探究主题	怎么解决居民生活环境混乱的问题？
小组成员	马振远　杜烨炀　胡梓腾　刘雪　王雅静
问题提出背景	近日，我们走访了驼铃古道中的模式口，首先映入眼帘的就是斑驳的石墙、狭窄的街道，再往里走，我们看到了狭窄的街道两旁布满了杂乱的店铺，而且本来就不宽的街道上车辆来来往往，很没有秩序而且十分危险，所以看到这种情况，我们组制订了探究的主题：怎么解决居民生活环境混乱的问题？
调查方法	1.实地考察　　2.上网搜集资料　　3.调查问卷

续表

结论及合理性建议	合理化的建议：1.制订调查问卷，询问居民对于生活在这里的想法。2.把对于居民的调查结果反映给居委会，让居委会帮助协调治理。3.禁止小摊小贩在路边摆摊。4.建设停车场，让车辆停放有秩序。5.扩大模式口的绿化面积。

预设三：

驼铃古道之模式口研究报告	
探究主题	为什么模式口能完整地保留下来？
小组成员	王淅　勾希晨　潘家麟　余培铭　陈宇航
问题提出背景	当我们将要走到模式口村时，我们惊讶于在当今社会大拆大建的情况下，为什么这么一个小村庄还没有拆除重建？为什么还有一些四合院虽然很破旧了但是仍旧保存完好？所以看到这些之后我们心中产生了疑问：为什么模式口能够完整地保留下来？
调查方法	1.实地考察　2.上网搜集资料　3.询问村民
结论及合理性建议	原因： 1.模式口村历史悠久，作为京西古道上非常重要的一部分，曾承担着重要的作用且文物古迹保存较为完整，如果拆除重建，那么模式口将会失去历史文化价值。 2.据我们上网调查了解到，2006年模式口被列入北京市第二批历史文化保护区。 合理化建议： 1.加强对文物古迹的保护。例如：在景区门口安放保护古迹提示牌。 2.合理对村落进行规划，在原址的基础上进行街道环境建设。例如：拆除私搭乱建，规划垃圾收集措施，统一划分生活区等。

续表

预设四：

	驼铃古道之模式口研究报告
探究主题	模式口如何被众人熟知？
小组成员	汪景晨　李雨轩　仇国辉　周昊宇　梁思雨
问题提出背景	参观完模式口之后，我们回家询问家人，很少有人知道驼铃古道，模式口虽然是拥有悠久历史的文化古迹，但是家人和朋友对模式口最熟悉的就是法海寺市场，而对模式口的历史文化了解甚少。于是我们就将探究主题定为：模式口如何被众人熟知？
调查方法	1.实地考察　2.上网查询资料　3.询问当地村民
结论及合理性建议	合理化的建议： 1.首先让政府部门将模式口的缺点改正过来。 2.用宣传报的方式对模式口文化进行宣传。 3.做宣传模式口文化的PPT进行网上宣传。

预设五：

	驼铃古道之模式口研究报告
探究主题	驼铃古道之模式口的未来。
小组成员	武晓冉　娄潇允　余绍炜　张瑛晗　周振涛
问题提出背景	我们实地考察了模式口，看到模式口： 1.街道面积很狭窄，墙上都是小广告。 2.居民生活不方便，里边没有超市，买东西都要跑很远。 3.看到模式口街道内不是很美观，人们游玩、活动的区域很少。 4.现在遗迹损坏较为严重。 所以我们想要规划一下驼铃古道之模式口的未来。
调查方法	1.实地考察　2.上网查询资料　3.询问当地居民

结论及合理性建议	我们小组制作了一幅图来向大家讲述我们心中驼铃古道之模式口未来的发展。 1.留下龙形街道、田义墓、承恩寺，目的是保留历史古迹。 2.为了丰富居民的生活环境，将建设公园为居民提供方便。 3.将路边小摊小贩统一规划到超市中。 4.公路拓宽，建设双向车道，方便通行。 

（二）小组汇报研究报告结果

【设计意图】依托身边资源，让学生在较短的时间内完成表格的填写，培养学生团结合作、针对问题给出合理化建议的能力。通过展示自己的作品，让学生拥有成就感，进一步感受与他人合作的快乐。

四、教师总结、畅想未来

（一）观看视频

通过同学们集思广益，想出了很多合理化的建议，你们想不想看看我们的设想能不能满足当地居民的需求呢？

播放采访视频。

现在的模式口正在被规划，想不想看看它的将来是如何发展的？

续表

（二）教师总结

模式口，历经沧桑，跨越历史的风尘和时代的潮汐，它犹如一方古玉蕴含着深厚的历史文化气息，幽幽古寺、青石古道，无声地向人们诉说着千百年来这座驼铃古道上一段段可歌可泣的历史，这里，沉淀的不仅仅是历史，更散发着一种浓郁的淳朴。希望模式口未来的发展不仅能够改善居民的生活环境，更能够把这古香古色的韵味继续发展下去。

五、板书

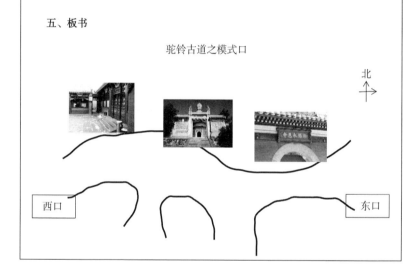

活动预期效果（表7）

1.通过本节活动课极大地调动学生学习的积极性和主动性，气氛活跃，由于实践的内容和组织方式能够不断变化，学生们一直对实践课程保持高度的热情和兴趣，在实践课程中能够不断发现自己，展现自己，不断地获得一种学习的成就感，从而树立自信心。

2.在活动中，同学们了解有关驼铃古道之模式口的历史，看到了模式口的现状，并通过小组讨论知道得此现状的原因，利用小组合作为现状提出合理化的建议。

3.通过本次活动课，提高了各项能力，开拓了视野。学生不仅可以在活动中获取知识，还培养了搜集整理资料的能力、表达的能力、小组合作的能力，对探访、研究、保护驼铃古道、京西古道甚至保护祖国的欲望更加强烈了。

7.**本教学设计与以往或其他教学设计相比的特点（300—500字）（表8）**

1.贴近学生

脱离学生生活实际的研究，会使学生感到枯燥乏味，甚至过深过远的研究会使学生望而生畏，如果让学生去研究离自己生活实际很远的问题，学生不仅会对问题产生知难而退的想法，在实际实践中更是难上加难，所以本次教学活动依托身边的资源——驼铃古道之模式口展开教学活动。首先，身为石景山区西部的小学生，一提到模式口，大家都耳熟能详，略知一二。其次，模式口就位于我们学校的附近，更方便学生的探究。最后，我们的研究内容集中在对模式口的现状进行分析，同学们可以用眼睛看到、用耳朵听到模式口的现状，这样更利于学生解决自己所探究的问题，学生遇到问题不会有知难而退的想法，同时也更具有真实性。

2.内容创新，激发学生思维

本次综合实践活动脱离了学生提出问题、整理问题的固定思维模式，脱离了学生进行小组汇报展示的思维模式，特别设计了一份《驼铃古道之模式口》的研究报告，同学们运用之前整理、搜集的信息针对自己探究的问题提出自己合理化的建议，这样不仅培养了学生整理、搜集信息的能力，更培养了学生运用信息的能力，在学生针对自己所提出的问题给出合理性建议的同时，也激发了他们的创新思维能力。

冬奥社区主题课程

冬奥社区是我家　尽职尽责爱护它

李晨迪

理论依据（表1）

《少先队活动课程指导纲要（2021年版）》课程性质指出：少先队活动课程是少先队突出组织属性，以实践教育为基本形式，对少年儿童进行政治启蒙和价值观塑造的跨学科实践性课程。课程注重采用全景式、体验式、沉浸式的实践方式，引导少年儿童在课堂内外、学校内外、线上线下参与丰富多彩、生动活泼的少先队活动，在实践中体验生活、感知社会。少先队活动课程以培养新时代少先队员道德行为等核心素养为目标。课程模块对少年儿童开展教育：其中道德养成提出，道德养成的目标是培育和践行社会主义核心价值观，传承中华传统美德：学会奉献，培养集体利益高于个体利益的意识，培育全心全意为人民服务的精神。

依据《北京市少先队活动课实施细则分年级教育目标、活动建议（试行）》第三版块以集体主义为基础的道德品质和行为规范教育，在四年级教育目标中提出，引导队员从自己做起、从小事做起，自觉遵守公共道德，如遵守交通规则、爱护公物、节约资源、保护环境等，并通过"小手拉小手""小手拉大手"等形式，带动和影响身边的同伴、家人共同倡导和践行社会公德。

基于此，本节少先队活动课带领队员们深入社区，通过体验、沉浸的实践方式，引导队员发现社区中存在的可以由少先队员帮助解决的问题，少先队员在发现问题的过程中思考如何爱护公物、保护环境等才能让社区更美好。在课上，队员们制订少先队志愿岗及岗位职责，进一步引导学生形成学会奉献、为人民服务才能让社区更美好的意识，最后通过社区工作人员的鼓励，以"大手拉小手"的方式，引导少先队员践行社会公德。

活动背景分析（表2）

《北京市少先队活动课程实施细则》中指出：城市的运行与发展离不开社会成员的积极投入。四年级队员们应该有社会责任感，这节活动课调动队员们的主人翁意识，参与到城市的服务中去。

石景山区广宁街道高井路社区邻近首钢园区北京冬奥组委驻地。2019年5月11日，在北京2022年冬奥会进入倒计时1000天时，高井路社区被北京冬奥组委授牌为"冬奥社区"，这是全国首个"冬奥社区"，也是北京市唯一的"冬奥社区"。

电厂路小学坐落在"冬奥社区"之中，电厂路小学的同学们绝大多数也生活在社区中，在冬奥来临期间，他们见证了社区的变化，也感受到了社区为他们创造的便利生活及多彩活动。冬奥虽然过去，后冬奥时代已经来临，学校和社区也将一直延续奥林匹克精神教育，希望通过不同形式的教育让队员们秉承强烈的责任感，拥有胸怀大局的意识。

同时，通过课前调查，队员们心中对生活的社区充满自豪感和荣誉感，并有想让社区的环境与生活变得越来越好的想法。队员们已经参与过班级志愿服务岗活动，有一定的服务意识及职责意识。

结合学校和社区开展的后冬奥时代教育及学生自己的想法和意愿，本次少先队活动课，队员们在自己发现问题、提出想法、解决问题的同时，也激发了他们承担社会责任的意识。

活动目标（表3）

1.以建立社区志愿岗为契机，通过前期调研和现场讨论，引发队员对志愿者职责的思考。

2.以真实问题为导向，小队展开讨论，形成具有可操作性的少先队员志愿者职责。

3.用自己的实际行动改善身边环境，提高队员们的责任服务意识。

活动内容（表4）

一、少先队员通过观看图片、视频等，回顾"冬奥社区"的创建及队员本身的联系。

二、报告走访、调研结果，提议建立少先队员志愿岗。

三、中队讨论、建立服务职责。

四、社区工作人员讲话，提出期望、激励队员。

五、中队辅导员总结升华。

活动准备（表5）

1. 队员们探访"冬奥社区"，走访、观察、拍照记录。
2. 队员们整理各种相关资料，做数据分析。
3. 邀请社区工作人员参与少先队活动课。

活动步骤与过程（表6）

会前：中队长向少先队员介绍出席的人员。

一、活动开始，少先队仪式

中队长向少先队员介绍出席的人员。

中队长：各小队整队，报告人数。

全体小队长：稍息！立正！向右看齐，向前看，报数！

第二、三小队：稍息。

第一小队队长：报告中队长，本小队应到少先队员7名，实到少先队员7名，全部出席，报告完毕。

中队长：接受你的报告。

第一小队队长回到队前，对全体成员：稍息。

第二小队队长：报告中队长，本小队应到少先队员8名，实到少先队员8名，全部出席，报告完毕。

中队长：接受你的报告。

第二小队队长回到队前，对全体成员：稍息。

第三小队队长：报告中队长，本小队应到少先队员7名，实到少先队员7名，全部出席，报告完毕。

中队长：接受你的报告。

第三小队队长回到队前，对全体成员：稍息。

中队长：全体立正。

中队长对中队辅导员：报告中队辅导员，本中队应到少先队员22名，实到少先队员22名，全部出席，报告完毕！

中队长：队员们，四（2）中队，《冬奥社区是我家 尽职尽责爱护它》主题队会，现在开始。

中队长：出旗，敬礼。

中队队旗出旗

中队长：礼毕。

中队长：唱队歌。
中队文艺委员指挥。
中队长：全体请坐。
【设计意图】通过队仪式，营造少先队活动氛围。
二、视频回忆，引出问题
中队长：石景山区广宁街道高井路社区邻近首钢园区北京冬奥组委驻地。2019年5月11日，在北京2022年冬奥会进入倒计时1000天时，高井路社区被北京冬奥组委授牌为"冬奥社区"，这是全国首个"冬奥社区"，也是北京市唯一的"冬奥社区"。我们学校就坐落在"冬奥社区"当中，我们班级中的很多同学也生活在这里，"冬奥社区"在为我们提供生活便利的同时，也给我们提供了丰富多彩的活动，我们曾经去冬奥社区广场滑过旱冰，在冬奥展示中心看过《北京2022》的电影，社区给我们提供了这么好的生活和娱乐条件，那么我们能为社区做什么呢？通过课前采访与调查，同学们有着自己的想法（看视频）。

（一）结合数据，说分析
中队长：通过课前调查与分析，同学们联系了咱们班的志愿服务岗，也想成为志愿者去服务社区、回馈社区，所以，我们利用课余时间对社区进行了走访与调查。我们在社区发现了哪些问题，少先队志愿者可以帮助解决呢？

（二）总结归纳，提问题
中队长：我查阅了资料，发现志愿者是指在没有任何物质报酬的情况下，能够主动承担社会责任，奉献个人时间和助人为乐行动的人。根据我们之前的走访，队员们觉得我们可以在社区设置哪些少先队志愿岗呢？

【设计意图】由数据分析和队员们的发现引出本次队会的主题，这个主题来自学生探访冬奥社区的真实体验和观察，更能够引发队员的思考，从而激发他们的探究欲望。

三、中队共探讨，设置志愿岗位
（一）小队讨论，说看法
要求：
1.小队队员发表看法。
2.经过讨论，形成简单少先队员志愿岗，并张贴在黑板上。
（二）中队分享，理职责
中队长：我们每个小队都提出了自己的建议，我们一起来看一看？
1.找相同。
2.谈看法。
3.说归纳。

【设计意图】通过队员的讨论、相互启发，建立少先队员志愿岗，为成立少先队员志愿岗指明方向。

四、建立少先队员志愿岗服务职责

中队长：每位少先队员根据自己的意愿选择了想要服务的志愿岗，身为志愿者，我们在为社区服务的时候应该怎么去做呢？针对我们小队的志愿岗位请小队成员商议拟定出简单的5条简易服务职责。

【设计意图】通过队员的讨论、相互启发，初步建立少先队员岗位职责，为少先队服务指明了方向。

五、社区管理员讲话，提出期望

中队长总结：谢谢您的支持与鼓励，我们一定会履行好自己的职责，在后冬奥时代为"冬奥社区"奉献自己的一份力量。这里有我们在"冬奥社区"参加活动的照片，感谢社区这些年来为我们创造的美好生活，希望在今后，我们这些少队志愿者们也能为社区贡献自己的力量，也希望今后遇到问题能得到您的支持。

【设计意图】通过社区工作人员的讲话，肯定队员们的思考和行动，激励队员积极践行、履行职责，为社区的建设作出贡献。

中队长：请中队辅导员李老师作活动总结。

六、中队辅导员讲话

亲爱的队员们，大家好。很高兴参与了这次队会。这次活动很成功。大家共同经历了一次深入的探讨，会对以后的社区服务很有帮助。活动课前，我们利用课余时间进入社区调查、走访，大家都兴致勃勃，认真对待。活动课中，大家讨论得很积极，也让我看到了你们积极讨论、共商职责的场景。感谢王老师来参与我们的队会，有了您的鼓励，我相信这些小小志愿者们，一定干劲十足。今天，我们初步建立了少先队志愿岗和职责，今后我们还将细化职责，相信未来的小志愿者们，一定能把职责落实到位，真正为社区贡献自己的一份力量。希望大家今后可以把这份责任担当起来，把这种精神延续下去，真正让"冬奥社区"走出石景山，走向世界。

七、呼号、退旗

八、宣布活动结束

中队长：四（2）中队《冬奥社区是我家 尽职尽责爱护它》主题队会，到此结束。

评价激励手段（表 7）

传承冬奥精神，争当新时代好少年			
	志愿岗位我参与	岗位职责我制订	岗位职责我承担
自评			
互评			
教师评			
总评			

备注：1.主动选择志愿岗位☆☆☆，需要别人提醒☆☆，不愿承担无☆。
　　　2.将自己的想法写进职责中☆☆☆；有想法，需要补充☆☆；补充☆；没有发表意见无☆。
　　　3.主动承担岗位职责☆☆☆，需要别人提醒☆☆，不愿承担无☆。

活动预期效果（表 8）

1.队员们能够根据实际工作制订志愿者职责。
2.增强队员们的担当精神和社会责任感，并为之做出努力。

活动拓展（表 9）

1.根据队员设立的志愿服务岗，再次细化职责范围。
2.与"冬奥社区"进行联动，积极组织少先队志愿服务岗活动，学期末进行活动总结与表彰。
3.参考少先队志愿岗评比结果，推选优秀少先队员参评学校学期末优秀学生标兵。

第四篇
丰富多彩的课后服务课程

基于项目化学习的小学综合实践活动设计与实施
——以《小小制冰师》为例

杨薇

一、项目背景

（一）政策背景

2019年6月，中共中央、国务院《关于深化教育教学改革全面提高义务教育质量的意见》指出"坚持教学相长，注重启发式、互动式、探究式教学，教师课前要指导学生做好预习，课上要讲清重点难点、知识体系，引导学生主动思考、积极提问、自主探究。融合运用传统与现代技术手段，重视情境教学；探索基于学科的课程综合化教学，开展研究型、项目化、合作式学习"。根据政策要求，教师要探索基于学科的课程综合化教学，开展项目化学习，综合实践活动学科本身就是运用多学科知识解决问题，其与项目化学习的区别在哪？如何利用项目化学习促进小学综合实践活动课的开展？需要教师进行深度思考。

（二）综合实践学科需求

《中小学综合实践活动课程指导纲要》指出"综合实践课程强

调学生综合运用各学科知识，认识、分析和解决现实问题，提升综合素质，着力发展核心素养，特别是社会责任感、创新精神和实践能力"。综合实践活动课与项目化学习在理念上高度相似，都是综合运用学科知识解决问题，但综合实践活动强调的是解决问题能力，而项目化学习会更注重解决问题的过程，与学科结合得更紧密，能够在项目中引入多门学科教师参与，同时项目式学习更鼓励学生进行批判性思维，有效促进学生的深度学习，提高学生的核心素养。

（三）学生需求

皮亚杰关于建构主义的基本观点：儿童是在与周围环境相互作用的过程中，逐步建构起关于外部世界的知识，从而使自身认知结构得到发展的。儿童与环境的相互作用涉及两个基本过程："同化"与"顺应"。同化是指个体把外界刺激所提供的信息整合到自己原有认知结构内的过程；顺应是指个体的认知结构因外部刺激的影响而发生改变的过程。也就是说学生需要把已有经验、基本知识和基本技能内化到本身的知识体系中，发展学生的最近发展区，让学生在实践探索中提高核心素养。项目化学习就是以驱动性问题为动力，以项目产品为成果，激发学生批判性思维、创造性意义和问题处理能力，满足学生的学习需求。

基于以上内容，笔者认为在小学综合实践活动中开展项目化学习更能够帮助学生获得成就感，激发学生的学习兴趣，提高学生的批判性思维，引导学生进入深度思考，让学科知识在综合实践活动课中更好地融合。

二、项目设计

（一）项目设计的六个维度

项目化学习设计的六个维度包含核心知识、驱动性问题、高阶认知、学习实践、公开成果和全程评价。在小学综合实践活动中项目化学习的这六个设计维度将如何表现呢？

1.核心知识

核心知识聚焦于概念性知识，综合实践学科包含了多门学科知识，强调的是学生综合运用各学科知识，认识、分析和解决现实问题，所以基于项目化学习的小学综合实践活动的核心知识部分既要罗列出所有相关学科所涉及的主要知识点，也要对这些知识点进行提炼总结，成为跨学科的核心概念。

2.驱动性问题

综合实践活动是从学生的真实生活和发展需要出发，从生活情景中发现问题，转化为活动主题，项目化学习是以驱动性问题为主，因此基于项目化学习的综合实践活动要把两种方式相结合，从学生的生活中发现问题，转化为一个令学生感兴趣、能激发学生探究兴趣的驱动性问题，引导学生围绕着这个和学生息息相关的驱动性问题进行探究。

3.高阶认知

项目化学习包含了六种高阶认知策略：问题解决、创见、决策、实验、调研和系统分析，这六种策略和综合实践活动的四种开展方式相吻合，因此基于项目化学习的综合实践活动以解决问题为核心,通过调研了解项目需求,通过实验、系统分析、创意物化等方式完成项目内容,通过展示交流巩固提升项目成果,从而提升学生的高阶认知。

4.学习实践

项目化学习中的学习实践强调的是"学"和"做",这两者不可分割,在陶行知的"知行合一"理论中也强调了实践对于学生学习的重要性,项目化学习中以学生的亲自操作为主,要倾听学生的声音,尊重学生的选择,但同样离不开学科教师的专业指导。学科教师的指导为学生解决问题提供了理论支撑,帮助学生完成实验探究任务,同时提高学生学科素养。

5.公开成果

项目化学习中的公开成果非常重要,其目标指向驱动性问题,是学生对驱动性问题的深度思考和动手实践的体现,项目化学习的公开成果应该是一个体现学生思想,表达学生认知的、可展示的作品,其成果需要具有现实意义,能够对自我或他人有帮助,这样能够提高学生的成就感。

6.全程评价

项目化学习要关注学生在能力上的提升,就不能以纸笔考试的方式进行评价,如何确定学生达到了学习目标,就需要设计一些评估工具,通过多元化评价主体、多维度评价量规实现对学生目标达成的有效评估。基于项目化学习的综合实践活动评价一般包含过程性评价和成果评价,评价主体包含同学、老师、家长、社会相关工作人员等。

（二）项目设计思路

在小学综合实践活动中开展项目化学习主要分为三个阶段：准备阶段、实践阶段和展示阶段。

1.准备阶段

（1）确定主题

在准备阶段首先要确定活动主题，这需要从学生生活中的问题入手，比如学生在生活中遇到的问题、感兴趣的话题、实际的需求，也可以结合学校资源，将其转化为学生的探究活动，设计一个能够引发学生思考的驱动性问题。驱动性问题确定好了就需要学生进行头脑风暴，围绕驱动性问题，把学生想到的内容都记录下来，然后进行归纳分类，形成有条理的思维导图，学生可以根据自己的兴趣参与不同主题的项目小组。

（2）方案设计

方案设计是培养学生的规划思维，在本组的小主题中进行方案设计，包含了项目实施计划、具体步骤、人员分工和预期结果等内容。低年级方案设计可以由教师提供学习单支持，高年级方案可以由学生结合实际情况进行个性化设计。

（3）明确标准

项目化学习中评价可以前置，让学生在正式实践前明确项目化学习的要求和目标，能够在活动过程中思路清晰，评价可以由教师和学生共同制订，有助于学生参与项目活动的积极性。

2.实践阶段

实践阶段主要包含了学生的实践活动和教师的专业指导。

（1）学生的实践活动

学生的实践活动要根据具体的项目内容进行设计，基本分为调查访问、实地考察、设计制作、实验探究和职业体验等。

（2）教师的专业指导

教师需要在项目化学习开始前对项目内容进行分析，思考出本项目中学生可能会涉及的所有知识点，根据这些知识点确定需要给予支持的学科，学科教师可以通过微课、学习单、资料推荐等方式介入学生实践过程中。

3.展示阶段

实践是把知识应用于实际，展示是把自己的设计给他人讲明白，实践是吸收外界能量，展示是与外界交流，实践和展示是相辅相成的，学生既要有想法，又要敢表达。在展示部分中，鼓励各个项目小组全员参与汇报，各小组可根据组员的内容和意愿安排汇报内容的多少，站在众人面前讲话是一种勇气，胆子较小的学生在同伴的陪同下讲解，可以有一定的心理安慰，在表达过后得到正向反馈更能够提高学生的勇气。展示环节既是分享相互的想法，也是锻炼学生语言表达能力的关键。

三、项目实施案例

结合项目背景、项目设计六大维度和设计思路，下面我将介绍我校基于项目化学习开展的综合实践活动的一个案例：《小小制冰师》。这个项目是六年级综合实践活动的主题，1—6年级学生每周都有冰壶课，在看到水立方冰水转换后觉得冰壶道非常神奇，对冰壶道非常感兴趣，因此本次项目化学习就以制作冰壶道为主题。

（一）项目背景

2022年北京举办第二十四届冬奥会，激发了中国人对冰雪运动的兴趣，习近平主席要求三亿人上冰雪，就是让大部分人都参与冰雪活动感受冰雪乐趣。冰壶运动有趣且益智，能够很好地锻炼学生的身体素质与思维能力，我校拥有一个真冰冰壶馆，学生对于冰壶运动较为熟悉，高年级学生每周都有冰壶课，能够熟练地进行冰壶运动，但冰壶重量大，冰壶道过长，对于低年级学生来说参与真冰冰壶运动难度较大。

因此本次项目化学习结合实际情况，设计了驱动性问题：如何建设一个适合1—3年级学生在校内使用的冰壶道。

（二）项目目标

1.核心知识

学科	核心知识
综合实践	责任担当：围绕日常生活开展服务活动，能处理生活中的基本事物，具有积极参与学校和社区生活的意愿。 问题解决：能在教师的引导下，结合学校、家庭生活中的现象。发现并提出自己感兴趣的问题。能将问题转化为研究小课题，体验课题研究的过程与方法，提出自己的想法。 创意物化：通过动手操作实践，初步掌握手工设计与制作的基本技能，运用常见、简单的信息技术解决实际问题，服务于学习和生活。
科学	科学观念：初步认识常见物质的变化，知道物体变化时构成物体的物质可能改变也可能不改变；知道简单工程存在一定约束条件及验收标准。 探究实践：能运用观察、实验、查阅资料、实地调查等方式获取信息，并运用分析、比较、推理、概括等方法得出科学探究结论。 态度责任：善于有依据地质疑别人的观点，乐于尝试运用多种思路和方法完成探究和实践，初步具有创新的兴趣。

续表

学科	核心知识
劳动	劳动观念：学生能尊重劳动，尊重普通劳动者，了解不同职业劳动者的辛苦与快乐，理解"三百六十行，行行出状元"的道理。 劳动能力：学生具备基本的劳动知识和技能，能正确使用常用的劳动工具；具备完成一定劳动任务所需要的设计能力、操作能力及团队合作能力。 劳动精神：培养百折不挠、艰苦奋斗的革命精神，以及精益求精、追求卓越的工匠精神。
数学	量感：会针对真实情境选择合适的度量单位进行度量，会在统一度量方法下进行不同单位的换算。
语文	语言运用：能在具体语言情境中有效交流沟通。

2.项目目标

综合以上核心知识，设计本次项目化学习目标如下：

（1）通过对冰壶道的制作，了解制冰师职业的特点，让学生认识到每一份职业都是不容易的，体会普通劳动者的光荣与伟大，培养学生坚持不懈、踏实认真的劳动精神。

（2）小组合作过程中，能够完成自己的任务，为小组贡献自己的力量。遇到问题时，能够学会与他人正确交流，懂得通过交流解决问题。自制冰壶道与后期维护任务能够培养学生责任意识，培养学生积极参与学校、社会服务劳动意识。

（3）在遇到问题后能够积极寻找解决办法，大胆尝试解决方法，反思过程，总结经验，形成解决问题的能力。

（4）根据服务对象的需求，设计合理尺寸的冰壶道，并能够选择合适的材料完成冰壶道制作。

（5）掌握冻冰方法，能够完成冻冰、画冰壶道图案、点冰等任务。

（三）项目设计

在"如何建设一个适合 1—3 年级学生在校内使用的冰壶道"这个驱动性问题的引领下包含三个子项目，分别对应着三个子驱动性问题，具体内容如下：

驱动性问题	子项目	子驱动性问题	项目规划	核心知识与技能
如何建设一个适合 1—3 年级学生在校内使用的冰壶道？	子项目一：画出儿童冰壶道设计图。	1—3 年级学生适合什么样的冰壶道？	1.背景调查 2.画设计图	语文、综合实践：设计调查问卷、分析调查结果 数学：画三视图的方法及冰壶道长宽比例关系
	子项目二：制作儿童冰壶道。	如何建设冰壶道？	1.了解冰壶道内部结构及建设方法 2.选择制作材料 3.制作冰壶道	科学：水的三形态及转换方法；木板、铁板、亚克力板等材料的比较 劳动：正确使用劳动工具完成劳动任务，能够与他人合作完成冰壶道制作
	子项目三：测评、反思冰壶道。	什么样的冰壶道是合格的？	1.设计儿童冰壶道评估标准 2.对各小组作品进行评估	科学：能合理设计测评方案 语文：运用合适的语言进行评价

（四）项目实施步骤

项目实施主要分为三个阶段：

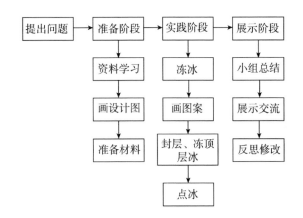

1.准备阶段：完成子项目一，画出儿童冰壶道设计图，包含激发学生从事这个项目活动的能动性，提出有意义的活动任务。查阅资料，学习冰壶道制作步骤。学生分组确定制作方案，画设计图，明确方案可行性。准备合适的材料。

2.实践阶段：完成子项目二，制作儿童冰壶道，包含冰壶道制作，包括冻冰、画图案、封层、冻顶层冰和点冰，解决遇到的问题。

3.展示阶段：完成子项目三，测评、反思修改冰壶道，包含成果报告或展示，项目学习过程中的自我评价。

（五）项目评价

整个项目对儿童冰壶道设计图、儿童冰壶道制作成品、活动参与度这三个方面进行评价。

评价目标	评价任务	评价反馈
儿童冰壶道设计图	评价设计图是否合理美观	通过小组展示讲解、其他师生评价并提出建议
儿童冰壶道制作成品	从冰壶道冰面的平整度、干净度及冰面图案的美观度进行评价分析	每人填写测评表，为其他组作品打分
活动参与度	评价每个学生在小组活动时的表现	学生填写自己小组活动时的任务及自我评价，其他小组成员进行打分评价

（六）项目实践

1.准备阶段

在准备阶段中，学生先上网查阅了资料，了解到标准冰壶道的结构与制作方法，然后对低年级学生在冰壶球中的投掷距离进行测量和汇总，确定冰壶道的尺寸，接着画出了冰壶道设计图。小组间进行了设计图的分享与交流，然后根据同学们提出的建议进行修改。通过对设计图的分享也让学生明晰了冰壶道的要求，制作出评价表。

冰壶道制作标准表

评价角度	评价标准
实用性	1.冰面干净整洁、不得倾斜、不得坑坑洼洼
	2.冰壶道结实，不能出现裂痕
	3.冰壶道厚度在5—10cm之间
	4.制作较为简单，可玩性高
美观性	冰壶道logo清晰，色彩、尺寸标准

上网查阅资料

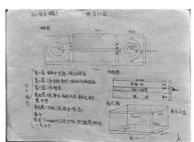
小组冰壶道设计图

冰壶道设计图分享与交流

小组再次修改设计图

2.实践阶段

学生首先用亚克力板或铝塑板试做冰壶道模具，然后完成冻冰、画图案、冻顶层冰和点冰的步骤。在画图案的步骤中，有的小组选择用水性油漆画，有的小组选择图案打印并塑封，还有的小组选择把图案画在白布上。通过实践发现水性油漆画图案可行，但难度较大且费油漆。选择把图案画在布上的小组面对颜料选择时请教了科学老师和美术老师，并进行了马克笔和丙烯颜料的溶水性实验，最终得出结论：画在布上的丙烯颜料干了之后不溶于水。

学生用水性油漆画图案

学生请教科学老师

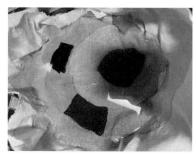

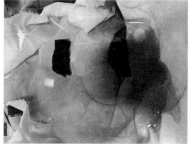
马克笔和丙烯颜料溶水性实验

3.展示阶段

各小组对冰壶道的成品进行了展示与交流，其他同学进行评价。

小组展示交流

冰壶道模具成品图

（七）项目成效

1.培养了学生坚持不懈的劳动精神

本次项目化学习对于学生来说难度比预想的要大，在学生的认知中，冻冰是一件比较容易的事情，但实际上冻上的冰会出现裂痕、有脏东西、有小气泡等各种问题，面对这些问题学生们先是慌乱无措，冷静下来后一遍遍分析原因，一次次重新冻冰，最终才完成了冻冰任务。类似的困难在项目实践中有许多，但学生们都没有放弃，而是想尽办法解决，坚持完成项目。

2.培养了学生批判性思维能力

在这次实践过程中，通过多处问题点引导学生进行讨论质疑，比如面对网上查询到的资料，学生会进行多份资料的比较，挑选出较为科学、可行性高的内容；设计图完成后，组与组之间会互相交流，提出疑问与建议；面对马克笔和丙烯颜料的选择时，学生会通过实验得出结论，在一次次地辨析过程中，学生能够清晰地说明自己的观点与分析，并能够依据作出判断，这些批判性思维都在引导学生进入深度思考。

3.提高了学生问题解决能力

问题解决能力是需要学生在面对真实问题时，能够运用所学的各学科知识尝试解决，最终找到最好的解决办法积累成为自身经验，学生在本项目化学习中通过查阅资料、寻求他人帮助等方法解决了一个又一个自己遇到的问题，为自己积累了经验，也逐渐能够知道遇到问题如何选择最合适的解决方法。

奥林匹克教育主题化系列课程进校园
"中华体育寻根"课程

杨薇

一、实施背景

冬奥会虽然已经结束了,但奥林匹克教育还在路上!为了奥林匹克教育在中国中小学的可持续开展,更好地传承北京冬奥精神,充分利用冬奥遗产,首都体育学院奥林匹克研究中心与电厂路小学共同成立中国中小学奥林匹克教育"微学院",为高校、中小学搭建一个长期性、经常性的沟通交流平台,形成更多可实际操作的做法,并吸纳延庆姚家营中心小学,张家口崇礼乌拉哈达小学、西甸子小学等冬奥会举办地学校,在后冬奥时代,共同通过实践和研究,促进奥林匹克教育的可持续开展和受益最大化,带动更多学校孩子们享受奥林匹克教育带来的快乐。

二、实施目的

中国中小学奥林匹克教育"微学院"成立后的第一项工作,就是依托由北京冬奥组委、首都体育学院奥林匹克研究中心编辑的奥林匹克教育读本,在电厂路小学推行奥林匹克教育主题化系列课程的实施。2023年3月10日开启了第一个主题课程"古奥运",学生们积极参与,7次课程,实施效果非常明显,孩子们真切地喜欢上了这门课程，也收获了许多知识和技能。

新的学年，奥林匹克教育主题化系列课程将实施第二个主题"中华体育寻根"，期待课程带给学生们更好的收获和成长，也是通过持续的课程实施，最终实现让孩子们在小学阶段能够接受完整的奥林匹克教育，促进学生五育并举全面发展和个性成长。

三、实施计划

2023年9月22日开始，每周五下午（15:25—16:25），首都体育学院奥林匹克研究中心组织奥林匹克教育专家、研究生团队走进电厂路小学，为全校学生进行奥林匹克教育主题化系列课程授课，授课形式依然是理论+操场实践，计划实施8次课程！

（一）课程安排

课程主题	主要内容	授课年级
舞龙	舞龙者在龙珠的引导下，手持龙具，跟随鼓乐伴奏，通过人体的运动和姿势的变化完成龙的游戏，穿、腾、跃、翻、滚、戏、缠等动作和套路，充分展示龙的精、气、神、韵等内容的一项传统体育项目。	1—6年级
马球	马球在古代称为"击鞠""击球""打球""杖球"，指的是骑在马上，用马球杆击球入门的一种体育活动。	1—6年级
礼射	射礼又称礼射，是西周时期统治者以射箭比赛为形式的重要礼仪活动和教育手段。是实行"礼制"和社会尚武风尚结合的产物。被认为是检验尚武崇礼效果的好方式。西周的射礼堪称中国古代组织最严密的竞技运动会，是堪与古希腊奥运会相媲美的大型古代竞技运动会。《礼记·射义》解释了射礼的意义，进而说明射可以观德，故有射取士的作用，及影响社会政教的重要性。	1—6年级

续表

课程主题	主要内容	授课年级
蹴鞠	"蹴"是用脚踢,"鞠"就是球,用现代的语言说蹴鞠就是踢足球。游戏的规则和现代足球略有不同。到了汉代,蹴鞠成为军队练兵、提升体能和随机应变能力的一项运动。项目特点是通过激烈的身体对抗取得比赛的胜利。唐宋时期,蹴鞠更为盛行,不论王公贵族还是平头百姓,都喜欢以蹴鞠为乐,使蹴鞠运动达到了巅峰。 蹴鞠比赛分为两队,每队各有球员数十名,比赛时两队球员互相对抗,试图将球射入对方球门。这不仅需要球员具备高超的技术,还需要球员之间的默契合作。	1—6年级
角力	中国古代没有"摔跤"一词,最早用"角抵""角力",后称"手搏""相扑"等。 远在先秦时期,距今4600多年,黄帝的部落与蚩尤(chī yóu)部落进行了一场大战,蚩尤部落的人头上戴着角,以角抵人,锐不可当。后来在老百姓中流传一种头戴牛角,三三两两互相抵斗的游戏,名为"蚩尤戏"。 规则:竞赛时,选手对立位分开站。双方可使用腿、脚勾绊进攻,可抓握对手身体各个部位,以及用头撞击对手头部,但禁止使用拳击动作。好似自由式摔跤。选手只有使对方的双臂或背脊的其中一部分着地三次,才可算获胜。又好似古典式摔跤,规则根据时代、比赛目的等不同的情况有所不一。如清朝时期的"布库"和"厄鲁特"式摔跤规则就不同。	1—6年级
龙舟	龙舟大小不一,每个队伍由舵手、锣手、鼓手各1人,桡手即划手组成。一般是狭长、细窄,船头饰龙头,船尾饰龙尾。鼓手的作用是指挥比赛,根据鼓点的起落来控制节奏。 锣手的作用是配合鼓手控制船员划桨的动作和频率,保证团结一致,让划手不乱桨。舵手的作用是控制划船方向和划船中的稳定性,防止船的偏离,一般坐在龙舟的最后。划龙舟的人统称划手,划手是整船的核心动力所在。	1—6年级

（二）评价标准

等级	具体表现	盖章处
非常好！ （Awesome）	1.体育课让我心情非常愉快，精神振奋 2.我很好地完成了学习任务 3.我遵守规则，无论输赢，都开心地玩儿 4.我全力以赴，没有放弃 5.我帮助老师，帮助同学，爱护器材	
很好！ （Good Job）	1.体育课让我心情非常愉快，精神振奋 2.我基本完成了学习任务 3.我遵守规则，无论输赢，都开心地玩儿 4.我全力以赴，没有放弃	
继续努力！ （Keep Trying）	1.上体育课情绪不高 2.勉强完成了学习任务 3.被老师提醒 1 次 4.勉强与同学合作	
需要进一步努力！ （Need More Effort）	1.体育课没意思，不喜欢上 2.没有完成学习任务 3.被老师提醒 2 次 4.不愿意与同学合作	
需要改变！ （Need Major Change）	1.多数时候都没跟着老师学习 2.没有付出努力 3.被老师多次提醒	

（三）学生感受分享

舞 龙

今天，我们开展了奥林匹克体验活动。我们一年级第一次参加，体验的是舞龙。听老师介绍完我们就来到操场上，手里拿着小棒，小棒的另一头系着长长的丝带，当我们快速跑动起来，挥舞手臂，那丝带就随风飞舞，像是一条蜿蜒腾飞的巨龙。我想让龙飞舞得更快，更威风，所以我就跑得特别快。

活动结束时，我还舍不得停下脚步，今天的活动太有意思了，我太开心了。

一年级（1）班　钱可恩
指导教师　赵振琴

划龙舟体验

周五，我们参加奥林匹克体验活动，老师教我们划龙舟。划龙舟是为了纪念大诗人屈原，在每年的农历五月初五举行。老师先让我们把一个一个的呼啦圈套在一起，连接起来，像一条长龙，几个同学配合着一起走向终点。然后我们用了充气的龙舟，大家一起，喊着口号，迈着整齐的步伐，一步步走向终点。那一刻我真的好激动，好兴奋。这个游戏太好玩了。

一年级（1）班　刘秉宜
指导教师　赵振琴

奥林匹克运动——投壶感想

这周五我们又参加了奥林匹克体验活动，这次是投壶。我们先在教室内了解了投壶的由来和方法，投壶是古代的一种礼仪。

听完后，我们去了操场，体验了真正的投壶，我特别开心，我投进了三次。投壶的方法是要找好角度，找不好角度就投不进去，腰要弯着才能投进去。回到家里，我又用瓶子和筷子模仿了投壶的样子，还给爷爷奶奶爸爸妈妈讲了投壶的由来和方法。

一年级（2）班　白奕童
指导教师　王冬梅

马球（击鞠）

"试交骑马捻毬杖，忽然击拂便过人。……勒辔（pèi）邀鞍双走马，跷身独立似生神"。爸爸知道我们周五体验了马球运动，就念了这一句诗。

首先老师告诉了我们马球的历史、规则及注意事项。接下来就是我们的时刻，没有马我们就双腿蹦，挥舞着球杆，我好高兴，真快乐！就是追不上球！

老师告诉我们，马球，是一个集体项目，是中国古人智慧的结晶，我们要继承和发扬中国的体育精神！

一年级（2）班　魏道敏
指导教师　王冬梅

马球

就是拿着一根杆子打，和以前的蹴鞠类似，但是又有难度，我们要像兔子一样蹦着前行，非常有意思。我们群体打的时候，要团结。

二年级（1）班　侯景喆
指导教师　杨文敏

划龙舟

我参加了划龙舟，我非常开心，因为第一次当了一个鼓手，然后还有一次当的是最后的那个舵手。我喊了一二一，廖哲也跟着我们喊了口号儿一二一，然后我们获得了胜利，理解了团结的意义。

二年级（1）班　王祎一
指导教师　杨文敏

奥林匹克运动——龙舟

今天的奥林匹克体验活动是赛龙舟。

课上老师先向我们介绍了赛龙舟的来历，知道在农历五月初五，会举行赛龙舟的活动，这是为了纪念屈原而进行的。

操场上，老师让我们几个人站成一队，然后用一根一根的跳绳把自己围起来像一条龙一样，并敲着鼓，打出节奏。然后又让我们10人一组举着彩色的充气龙舟比赛，同学们要团结合作，动作一致，才能很好地完成赛龙舟活动，顺利到达终点并返回。

通过这个活动我知道了，无论做什么都要团结。

二年级（2）班　杨茗喆
指导教师　佟玮

奥林匹克运动——投壶

今天我参加的奥林匹克运动是投壶。

投壶是有规则的。当主人邀请其他人进行投壶游戏时，作为客人是不能马上就答应的，要三请三让。

投壶前还要抱手行礼方可进行投壶游戏。我们也进行了投壶，但不是很容易投进去。需要多多练习。说明任何事情要想成功，都不是一次就能成功的。我很喜欢投壶！

二年级（2）班　王雨松
指导教师　佟　玮

古运会

今天又到了每周的星期五，又能上我喜欢的奥林匹克教育课程了，今天我们学习的内容是如何打马球。老师先在教室给我们讲了打马球的规则和要领。

然后我们就来到了操场上开始体验打马球。打马球看起来简单，可做起来却比较难。老师先给我们分好了相同人数的队伍。之后大家开始了一场激烈的比赛。因为我们学校没有真马，所以我们骑的是假马。终于轮到我了，我骑上假马，只听老师一声口哨我就迅速地跑了出去，但当我骑上假马绕过障碍物时，我手一松，假马就掉了下去，感觉我从马背上摔了下来似的，我害怕极了！所以我用手紧紧地抓着我的假马，担心它再次掉下去。然后我心里一直在想老师教我们的规则和要领，终于顺利坚持到了终点。

通过这次打马球比赛，让我感受到看似简单的事情，做起来却很难，只有自己亲身体验了，才知道它的难度。

三年级（1）班　黄子艺
指导教师　韩壹苇

赛龙舟

赛龙舟是中华传统体育文化中的一种,它是在水上进行的一种划船比赛。这个周五的下午,我们年级在学校按我们的方式举行了一场龙舟比赛。

我们有两种方式,第一种方式是把一个小鼓挂在鼓手的脖子上,再用一些呼啦圈把鼓手和第二个人套在一起,把第二个人和第三个人套在一起,这样排列到第六个人,连成一条龙,就这样鼓手打着节拍,我们出发了,口中还喊着"一二"的口号,我们两队看谁先走完指定路线就算胜利。

第二种方式也是先选一位鼓手,再让九个人骑在一条充气长龙上。比赛开始,我们喊着"一二"的口号冲了出去,我们口中的"一"是左脚动,"二"就是右脚动,我们每个人都在用最大的力气向前跑去,鼓手也在尽力地打着拍子,我们越跑越快。最后,我们队第一个到达终点。

通过这次活动,我知道了团队合作的重要性,一个人是很难完成这项运动的,但是大家团结一心就能创造奇迹,这就是俗语所说的"人心齐,泰山移"吧。

三年级(1)班 初明泽
指导教师 韩壹苇

龙 舟

今天又是一次令人难忘的奥林匹克课程,我们要学习的主题是"龙舟"。老师给我们讲了很多"龙舟"的知识。划龙舟是中华传统比赛项目。

划龙舟比赛开始了，老师选出了四个小裁判，我们迫不及待地到楼下进行了热身运动。老师拿来了几个呼啦圈，将相邻的两个同学套在一起。我们用这样的方法做了好几轮游戏。

正式的比赛开始了，我们用两条充气龙当作龙舟。只听一声哨响，两个班争先恐后，谁也不让谁。虽然我们班第一轮没有获胜，但是我们班一直没有放弃，第二轮我们奋起直追。扳回了一局。这场比赛我们有时赢有时输，输赢不是目的。我们很享受这场比赛的过程。

时间过得真快呀。转眼这次课程就要结束了，同学们都很开心，我们都很期待下一次的课程。

三年级（2）班　杜思璇
指导教师　刘士荣

有趣的"蹴鞠"体验

每周五的综合实践活动奥林匹克课程又开始了，我怀着无比激动的心情来到了操场上。

首先，老师给我们讲解了"蹴鞠"的由来，"蹴鞠"历史悠久，已有2000多年的历史了。随着时间的发展，演变成为现在的足球运动。

今天下午的"蹴鞠"体验活动，我们以班级为单位，男生和男生踢。女生和女生踢。刚开始我和小伙伴们配合得并不是很好，还不小心把球传给了别队，眼看着我方得分越来越少。但我和小伙伴们并没有放弃，大家互相配合，最终赢得了这个小比赛。

通过这样一场友谊赛，我也更加明白了合作的重要性。也深深地被古人的智慧所震撼，也为中华民族传统文化而自豪，同时我也希望有更多的机会了解中华传统文化。为弘扬中华文化而努力学习。

三年级（2）班　周涵承禹

指导教师　刘士荣

快乐投壶比赛

今天我们开始了奥林匹克教育课程，我又高兴又激动。

投壶就是每人拿三支箭，前面摆着一个壶，人站在界线外，把箭投到前面的壶里，投进最多的人获胜。我心想，投壶游戏这么简单，我分分钟就能获胜！该我投了，只见我右脚抬起来，左脚踩在地上，手里拿着箭，走起，剑笔直地朝壶飞去，正当我觉得胜利在望时，那不争气的箭，却刚好落在壶的旁边，没进。我接着投，第二次我的姿势与前一次一样，手握住箭的中间，瞄准壶，一下子投了出去，那壶好像在对着我招手，我默念"进！进！进！"啊，居然又没进，我失落极了！但我不断鼓励自己，没关系，还有最后一支箭呢，我就不信我中不了一支。这次我换了个姿势，双脚着地，眼死死地盯着那个壶，扔了出去。我闭上眼睛想如果中了那该多好呀！可当我睁开眼睛的那一刻，发现箭并没有进，我失望极了。

不过，我们班还真有一位高手呢，他居然三支箭全都中了，我知道他凭的并不是运气，而是自己的实力。唉，早知道这样，我就应该在家拿笔当箭，拿塑料瓶当壶练习，只要我一直练，我就一定不会一支箭都投不中，但时间不能倒流，不过我以后一定会继续努力！

机会总是留给有准备的人，如果你事前没有准备，那你离输就不远了，这是我投壶的一大心得，今后我要以此为戒，凡事做好准备，而后谋取最后的胜利。

四年级（1）班　陈芮欣
指导教师　尹丽莎

舞龙

星期五又到了，上完美术课我们用期待的眼神向二班门口望去，希望很快就能上奥林匹克课，老师带领我们进去二班后我迅速找到了我的小伙伴并坐在她的身旁。当见到了上课老师我不由得对旁边的同学说："她和上次的老师长得好像啊！"其他的同学纷纷点头。

老师开始讲课了，我们专注地看着大屏幕。老师说："舞龙是一项非常喜庆的活动，大多数是在室外举行，舞龙时舞龙者都穿红色或黄色的衣服，衣服上面也会有一些绿色或者橙色来点缀。"有一个同学举手说："舞龙的时候不能穿白色的衣服，这样代表着去世的意思。"老师说对。可是我想如果一个重大的人物去世了，可不可以用白色的衣服舞龙呢？我没敢问老师这个问题。

很快，让我们期待的室外活动时间到了，我跃跃欲试，想知道在学校怎么舞龙。老师带我们热完身后，一位老师便悄悄地不见了！

当我正在寻找她去哪里的时候，我看见她手里拿着一条"龙"，老师说这就是用来舞龙的道具。看着那长长的"龙尾巴"，我想我跑的时候会不会摔倒？我还没来得及思考这个问题，第一局比赛开始了，第一个人就像风一样跑了出去，我想这次我们赢定了！但是对方的第二个人跑得好快呀，我们队被超越了。我是第三个，我准备为我们队争回荣誉。我奋力奔跑，可是在返回的时候我鞋带松了，没能如我所愿，我们队还是慢了，第一局我们输了。我十分难过，反思若不是自己鞋带松了我们一定能赢。

第二局比赛开始了，我暗自决定这回一定要把第一名争回来。哨声响起，比赛开始。第一位同学跑了出去，他跑得依旧很快，我们队领先了，他为我们争取了很多时间。第二位同学奋力地跑了出去以后，我在心里祈祷自己的鞋带不会松掉，也祈祷这次我们能赢。第二位同学带着"龙"跑了回来，我决定这次把脚抬高一点，我跑了出去，耳边是呼呼的风声，夹杂着同学们的加油声，一想到要为我们队争回荣誉，我就跑得更快了，"加油！加油！加油！"听见同学们的呐喊声越来越近，我觉得我离终点越来越近了，当我把"龙"交给了下一位同学时，我心里已经有把握了，我想这次我们肯定能赢！因为我已经超越了其他两个队，我听见有人在说："为什么前面的人不能跑快一点啊？"我想他们不应该埋怨自己的队友，毕竟大家是一个团体，我正思考着这个问题，想着想着突然一阵震耳欲聋的欢呼声传进了我的耳朵，我定睛一看，原来是我们队赢了，欢呼声淹没了其他声音，这让我感觉到了团队的力量。我欢呼着跳跃着，我觉得自己像一只小鸟在蓝天里自由地飞翔！

第三局开始了,我收起自己兴奋的情绪让自己不要骄傲。我想我们这局还要赢!老师说这次比谁的动作优美,还要跑得快。"加油!加油!加油!"我后面的同学扯着嗓门儿大喊加油,我想他在喊加油的时候,可能会把嗓子喊哑吧。当我跑了出去想象自己像一只优美的小鸟伸展着自己的羽毛,忽然一阵刺耳的声音传进了我的耳朵里,原来我的"龙"蜷成了一团,我顾不上把它解开,飞快地跑了回去。正当我难过的时候,队伍的伙伴们安慰说:"不要担心,我们会弥补回来!"我为他们祈祷,不要再出意外。比赛结束了,我们又一次赢了。

三局比赛结束了,我们以三局两胜的比分赢得了比赛。第一局我们忽略了对方的优势输掉了比赛,第二局我们团队激起了斗志赢得了比赛,第三局团队的协作和鼓励让我们再一次赢得了比赛。回到家里我回味着那幸福快乐的感觉,突然明白了,这就是团队的力量,它不仅让我们赢得了比赛,更让我们在这次比赛中明白团队合作的重要,这让我十分高兴与快乐。

四年级(1)班 温桐
指导教师 尹丽莎

奥林匹克课程感想——蹴鞠

奥林匹克课程新一轮又要开始了,这次的主题是"中华体育寻根"课程,这次的课程包含蹴鞠、马球、投壶等,非常有趣。今天我来讲的是我们第一个要学习的内容——蹴鞠。

蹴鞠,通常来说就是我们现在的足球,也是非常好玩的一项体育运动,这次教我们学蹴鞠的老师是上次奥林匹克教育中教我们摔跤的那位老师。踢足球也有一定的规则,老师在为我们上室内课的时候讲到,我们在接球的时候要拿脚底去接球,踢球的时候要拿脚的一侧来踢,这样才标准,我们在踢的时候要向正前方踢,不能踢斜。

等到了上室外课的时候,一班先排好队下去,过了一会儿,等他们全部下去之后,我们才紧跟其后下去。老师先带着我们做了几个热身运动、头部运动、腰绕环,还有体前屈,这都是很好的拉伸运动。我们分成两组,第一组先踢,第二组是先当观众,过一会儿再踢。我分到了第一组,选择当守门员,我觉得守门员应该比较有趣,可是我错了。

我发现守门员并不是这里边最有趣的一个,因为从头到尾没有碰到球,一直在等待着球。最有趣的是踢球的同学。我们守门员里唯一接过球的是刘金盛,也只是跑到离球门比较远的地方才接住了球。但是我觉得这个任务也是比较艰巨的,如果没有守门员,真的把球踢进了我们的球门,不就输了吗?

在第一组球员踢球的同时,我发现有四一班的三位同学把球踢到了界外,也有我们班的一位同学把球踢到了界外。踢球时如果有人踢出界外,就要让没有踢出界外的那一队来开始先踢。

轮到第二组踢了,那时我的心情激动、兴奋、紧张,我认真地观看起比赛来,我发现并没有什么特别的,守门员依旧守着门,踢足球的同学也依旧认真地追着足球。可是,过了一会儿,比赛马上要结束时,我们队的吕欣彤同学竟然往自己队的球门里踢,幸好有守门员挡下了球，这时我感觉到守门员是很重要的。

快乐的时光总是很短暂的，游戏结束了，我们队以3∶1的分数赢得了足球比赛，友谊第一、比赛第二。真是太开心了，可是游戏结束，这节奥林匹克教育课也就结束了，我们跟着雨点老师一起跳了放松操，可真好玩儿啊！我们还拉着手一起转圈圈跳舞。

我非常喜欢奥林匹克教育课，更喜欢"中华体育寻根"课程，真的很期待下一次的课程，是什么呢？一起来猜一猜吧！

四年级（2）班　任映羽
指导教师　李晨迪

奥林匹克活动感想

一周一次的奥林匹克活动又来了！我们欢呼雀跃，非常开心。

我们首先在班级里讲项目，这学期学的是"中华体育寻根"课程。已经学了蹴鞠、礼射（投壶）。讲完后老师组织到操场上集合站队，老师带着我们先做了一个热身小游戏，游戏后我们便开始了练习。

这次是马球，所谓的马球就是骑着马用棍子打球，我们用冰球杆当马，用旱地冰球杆当棍子。站成四队，分三组进行接力。第一回合，我接到冰球杆就往前冲，绕一大圈就回来了。第二回合开始，我们左边那队当防守人，我的防守人是杨若彤，老师一吹哨子，我直接冲刺过去，她还没反应过来，我就已经回来了。

就这样我们轮换着做了好几组比赛。同学们既锻炼了反应速度，又锻炼了奔跑速度，在这个看似简单的活动中，我们收获了很多快乐，非常期待下一周的奥林匹克活动到来。

四年级（2）班　刘　想
指导教师　李晨迪

舞龙

今天又是星期五了，我们最盼望的奥林匹克活动又一次来到了我们学校，今天我们学什么呢？学习舞龙。

老师介绍了舞龙是什么，还介绍了舞龙的习俗，然后老师带我们到了操场，首先带我们做了个热身运动。然后老师带我们一起做舞龙游戏，我们开启的第三个环节就是比赛，我们的比赛很激烈，我是最后一个，心里很着急，到了我的时候，我就拼命地往前跑，舞着龙往前跑。到了最后，我紧张得迈不开腿，着急得都快掉出眼泪来，可是我在最后一刻坚持下来了，因此我很开心。

然后我们的胡老师给我们舞了一段龙，活动在愉快的气氛中结束了。

五年级（1）班　于欣蕾
指导教师　胡景兰

赛龙舟

今天的奥林匹克进校园课程，我们体验的是赛龙舟，这是中国的古老运动项目。

赛龙舟顾名思义，肯定是有龙。我们玩儿的赛龙舟是十个人一组，一个人敲鼓，最后一个人喊口号。需要团队配合，俗话说："三个臭皮匠顶个诸葛亮",大家出主意、想办法,我们从一二一都走不齐,到后来能够团结协作,快速前进,赢了二班,我觉得都是团队配合才做到的。

我觉得赛龙舟是一件很考验配合的运动,它和足球不一样,即使后卫失守了,还有守门员,可赛龙舟不一样,一个人的步子乱了,可能所有的人就都倒下了。所以不管什么运动,团结才是取得胜利最重要的精神。

五年级(1)班　包　媂
指导教师　胡景兰

舞龙

今天我们体验的项目是舞龙,这个活动的规则是手里拿着龙,要保证龙在空中翻飞,最好再加上一些自己喜欢的动作让它飞得更威武。

我们先进行比赛前的分组,然后就迫不及待地开始了这场激烈的比赛。

当听到开始的声音时,各组选手一起冲出起跑线。第一次,我目不转睛地盯着前方,快到我了,我紧张得手都要出汗了,我张开手,一切准备就绪,可偏偏就在交接的时候出现了问题。当我的手刚接触到龙的时候,手指一滑,龙差一点就掉在了地上,但在后面,我使出全身的力气冲向了终点,最终我们获得了胜利。

你看吧,只要不抛弃,不放弃,我们就能够成功。

五年级(2)班　陈雨涵
指导教师　于艳君

中国古代运动——角力

又是一周一次的中国古代运动课程,这次我们的运动是角力,角力是一个十分有意思的项目。双方可以在对方不注意时,先蹲下,接着再抓住对方的腿,然后用肩顶对手,最后对手就自然倒了,只不过对手可能会突然抱住你的脖子,这样你如果不躲开,那你就输了。老师讲完之后,我跃跃欲试,准备和马博森比拼一次。

比拼开始,他抓住了我的腿,我赶紧躲开,我反身抓住了他的腿,他直接来了个"断头台"。幸好我躲开了,然后我直接把马博森顶倒在了地上,获得了胜利。通过这次活动我知道获得胜利的关键不能只靠蛮力,技巧也很重要。

最后,我们恋恋不舍地离开了。

五年级(2)班　王浩宇
指导教师　于艳君

团结、合作、拼搏——龙舟比赛感想

龙舟是一项古老又充满活力的运动,它不仅仅是一种体育竞技,更是一种文化传承。

今天,我们学校的奥林匹克教育的主题是"龙舟",回顾这次比赛,首先我深刻体会到了团队精神的重要性。划龙舟比赛是一项需要团队合作的运动,每个人都有自己的位置和任务,多人配合、相互信任、相互支持、一起努力,即使出现失误,我们也要做到不抱怨、不放弃、互相鼓励、互相帮助,每个人的贡献都是至关重要

的，这不是一个人的胜利，而是整个团队的荣耀。我想，这次教育的意义也是让我们懂得团队合作的重要性。

其次就是拼搏精神，竞技比赛一定是需要考验耐力的比赛，即使再苦再累，我们也要克服疲劳，迎难而上，保持最初的节奏，尽力加快比赛速度，终点的目标，承载着我们对胜利的渴望。这也同样适用在学习生活中，人的一生就是奋斗的一生，每一个阶段定下一个目标，为了实现目标，不畏挫折、勇往直前，胜不骄败不馁，这是我对于这次比赛的第二个感悟。

在未来的成长路上，我将带着这些心得体会，迎接新的挑战。

六年级（1）班　高子晴
指导教师　陈艳民

角力

2023年10月13日，我们学校举行了一次"中华体育寻根"活动。今天我们体验的项目是"角力"，也就是现在的摔跤。

我们先在教室里学习关于角力的介绍，我知道了古代称为角力、角抵、相扑、争跤等。早在四千年前的黄帝时代就有了摔跤活动。据《礼记·月令》记载，周代把摔跤、射箭和驾车三者列为军事训练项目。到了汉代，摔跤还作为表演项目演出。晋代，多在元宵节举行摔跤比赛。唐代多在春秋两季举行比赛，也作为宫廷娱乐的项目。

我们学习完了就去操场上体验了。老师先带着我们做了热身运动，我们做完了就正式开始体验。老师首先带我们试了一下怎么摔，我也试了一下，结果被老师一下子摔倒了。然后老师让我们自己和其他同学比一比。先是两个男生一起摔，我和黄奕摔了一下，结果还是被一下摔倒了。然后是两个女生一起摔。最后是一个男生和两个女生一起摔，这时男生都招架不住两个女生一起和他摔跤，所以基本每个男生都输了，这是团结的力量。

后来活动结束了，我们也伴着轻快的音乐回到了教室。

"人心齐，泰山移。"这句话果然说得没错。经过这次活动，学会了团结，我以后要多用团结的力量来解决问题。

六年级（1）班 李浩宇
指导教师 陈艳民

赛龙舟

今天，我们学校开展了一项传统活动，我们体验的第一个活动叫"赛龙舟"。

赛龙舟想必大家都知道，是端午节的一项传统活动，几个队伍一起在河面划动龙舟，大家在大鼓的节奏下，一起划桨，你追我赶，看看谁先到对岸，颇考验大家的体力、耐力和团队协作精神。我们今天要进行的是旱地龙舟比赛。

老师先给我们讲解一下赛龙舟的相关知识，赛龙舟的几个人有划手、舵手、鼓手和锣手，划手是整个船的核心动力；舵手的作用是控制船的方向和稳定性，防止船只偏离；鼓手和锣手都是为了控制船员划船的节奏，保证团结一致。可是我们还是很疑惑，怎么在操场上赛龙舟呢？

后来，我们到了操场上才明白了，地面上有4个垫子，两个垫子一组，我们3人一组，站在垫子上，三个人分别担任：划手、舵手和鼓手。舵手把下一个垫子铺到前面，三个人走上垫子，然后再把垫子放到最前面，重复操作，直到到达"对岸"。

我和同学们一起上了"龙舟"，我是舵手，划手把垫子给我以后，我就快速地放到前面的地上，我们又上了新的垫子，然后下一个同学进行同样的操作，把垫子放在前面的地上，我们又上了新的垫子，就这样我们相互配合着到了对岸。

"赛龙舟"考验了我们的团队合作精神，只有团队合作好了，才能赢得比赛，光靠某一个人的力量是不行的，大家要一起努力才行，希望学校多多组织这样的活动。

六年级（2）班　冯心蕊
指导教师　刘艳春

"中华体育寻根"活动感受

我们学校举办了"中华体育寻根"活动，在这丰富多彩的活动中我最喜欢的是赛龙舟。

我们来到操场，老师讲解着规则："有裁判和船员，船员坐在上面，而裁判负责引导和指挥。"大家听得十分入神，当老师讲解完后，无一例外大家都亢奋地去寻找自己的搭档，我也一样，激动地和搭档交流着，想象着在比赛时一马当先的样子，想到这，我和搭档同时笑了起来，当轮到我们的时候，我的心像提到了嗓子眼。

"开始！"老师一声令下，我铆足了劲儿，往上一提，腿好像有使不完的力气用力地蹬着,大家一个个往前进,不一会儿便超越了对方,通过裁判的指挥,慢慢转弯,可现在却有了大问题,由于身高差距大,后面的人脚碰不到地上,在大家的齐心调整下勉强调头,拿下了胜利。

这便是体育精神,是努力,是齐心协力,是获胜时的骄傲。

六年级(2)班　周嘉艺
指导教师　刘艳春

校本课程——冬奥与民族传统文化

主题一 冰嬉

杨薇

> 冰嬉亦称"冰戏",古代汉族冰上活动的泛称。宋代已有,明朝成为宫廷体育活动。冰嬉在清朝时作为皇家冬季的消遣,十分盛行。让我们一起走进冰嬉大典,了解冰嬉活动项目,欣赏《冰嬉图》的艺术价值,感受冰上运动的魅力。

经典原文

陆行之疾者,吾知其为马。水行之疾者,吾知其为舟、为鱼。云行之疾者,吾知其为鹍鹏、雕鹗①。至于冰,则向之族,莫不躄躠②、胶滞③、滑擦而莫能施其技。国俗有冰嬉者,护膝以苎④,牢鞋以韦⑤。或底含双齿,使啮凌⑥而人不踣⑦焉;或荐铁如刀,使践冰而步逾疾焉。较《东坡志林》所称更为轻利便捷,惜自古无赋者,故赋之。

——乾隆《御制冰嬉赋》

注释：①鹗鹏，雕鹗：鹗、鹏、雕、鹗都是大型猛禽，擅长飞行。②躄躠：形容跛者走路的样子，此处指在冰上行动艰难，歪歪扭扭的形态。③胶滞：胶，粘着；滞，停止。指在冰上不敢行动，一动就滑跌，畏缩难行的样子。④护膝以芾（fú）：防止滑倒碰伤膝盖骨，特制的防护垫。⑤牢鞋以韦：把冰鞋用熟软的皮条牢牢地缚在腿脚上。韦，熟制的柔软皮革。⑥啮凌：啮（niè），咬、啃；冰鞋以铁齿咬住冰面，便于起动、停止。⑦踣（bó）：扑跌。

文化阅览

❄ 冰床围酌 ❄

在宋代，我国古人就开始使用冰床了，北宋沈括《梦溪笔谈》中《讥谑》篇写道：信安、沧、景之间……冬月作小坐床，冰上拽之，谓之凌床。此处的"凌床"指的就是冰床。明代宦官刘若愚在其《酌中志》载：至冬冰冻，可拖床，以木板加交床或稿荐，一人前引绳，可拉二三人，行冰如飞，积雪残云，点缀如画。可见拖床上的布置很简单，就是在床板之上放置可折叠的小凳（交床）或者草席（稿荐），一架冰床即告完成。在冰床的脚部安装铁条来减少摩擦，前面有人拉着前进，因此也称为"拖床"。晚清诗人宝竹坡在《冰床》诗中形象地称其为"木躯金趾"。

在 400 多年前的明代北京城，冰床就已经十分盛行了。有的人在冬天拉冰床来养家糊口，如《明宫史·全集》载：每于河冻之后，近京贫民，群来趁食。于皇城内外，凡有冰处，拉拖床以糊口。有的则乘坐冰床游乐，比如天启元年（1621年）《明实录》记载：西华门……冬则冰床作戏，春夏荷柳供观，率为寻尝游豫之场。古代称帝王出巡为"游豫"，这里的原意是说西华门外聚集了不少游乐之人，冬天他们乘坐冰床游戏，春夏则赏荷观柳，不适合皇帝到此巡游了。由此可见此地一度为百姓冬日乘坐冰床消遣的热闹所在。这里的冰床作戏，就有"冰床围酌"。大概在明正德朝，北京兴起了"冰床围酌"的游戏，日子过得不错的官僚富贾专挑严冬时节，将冰床连成一片，在其上豪饮。明天启年间的文人孙国敉在《燕都游览志》中描写道："积水潭在都城西北隅……好事者恒觅十余床，携围炉酒具，酌冰凌中。"对于"冰床围酌"描写最生动的莫过于明末散文家刘侗的《帝京景物略》——雪后，集十余床，垆分尊合，月在雪，雪在冰。寥寥数语，就将雪后月夜之下积水潭上"冰床围酌"的情景刻画了出来。

这种玩法一直持续到清末，晚清文人富察敦崇所著《燕京岁时记》中意犹未尽地引《倚晴阁杂抄》称："明时积水潭，常有好事者联十余床，携都蓝酒具，铺氍毹其上，轰饮冰凌中以为乐。诚豪侠之快事也。"

——节选自《戏冰九鉴》

拓展链接

❄ 紫禁城里过大年 ❄

2019年1月6日,故宫博物馆推出了为期3个月的"紫禁城里过大年"展览,紫禁城内张灯结彩,首度还原清宫鼎盛时期"过大年"风貌,通过多媒体展示、场景还原、数字互动、灯光创意、文创合作等多层次艺术与科技手段,再现传统年节风俗。在数字沉浸体验展中有这样一个主题——冰雪乐园。清代皇家有腊月初八观看冰嬉的习俗。这里设计了蜿蜒曲折的空间。屏幕中,大雪漫天飞舞,来自《冰嬉图》中的古人正在冰上游戏。脚下,条条"冰痕"跟随观众挪移的脚步,相随相伴。特别设置的"堆瑞兽"交互体验,源于故宫博物院典藏书画《乾隆帝岁朝行乐图》中婴童堆雪狮子的场景。观众挥舞手臂,雪会从天空飘落,而婴童也会逐渐堆好雪狮子、雪象和可爱的雪猫。观众挥舞幅度越大,瑞兽堆起的速度也越快。亲身体验古代皇宫瑞雪丰年嬉戏游乐的欢乐。

实践探究

根据《帝京岁时纪胜》记载:"寒冬之时,都人于各城外护城河上,群聚滑擦。"现在的北海冰场上依旧会集许多滑冰爱好者,大人们表演着各式各样的动作,小孩们坐着冰车来回滑行,好不快乐,欢迎你去体会一下。请你把自己看到的场景用文字记录下来吧,注意用点面结合的写法。

模拟冰嬉主题活动设计

冰嬉是清朝的冰上盛会,其意义不仅仅是军事训练,更是一场全民运动。为了让学生能够感受冰嬉的意义和冰上运动的魅力,学校对冰嬉中的部分活动进行了改编,把滑冰鞋换成了轮滑,形成了四个旱地冰上小游戏,分别是"花样轮滑"游戏、"旱地抢球"游戏、"轮滑抢等"游戏和"转龙投包"游戏。既锻炼了学生的力量、速度和灵敏等身体素质,也让学生在游戏中进一步巩固对冰嬉的理解。

A.旱地冰嬉游戏内容

"花样轮滑"游戏

由来:源自冰嬉中的花样滑冰。

方法:学生穿上轮滑鞋,在滑动的过程中做出一些简单动作,如向后抬起一条腿的同时伸展双臂,仿佛是一只要起飞的小燕子,或者向前抬起一条腿,形成金鸡独立之态。

目的:增强学生的腿部力量,锻炼学生的协调力和平衡力。

"旱地抢球"游戏

由来:源于冰嬉中的冰上抢球。

方法：参与游戏的所有人位列左右，一人居中把篮球向空中抛，其他人穿着轮滑鞋进行抢夺，抢到的人得分，并再次进行抛球、抢球。

注意事项：因这个游戏竞争较为激烈，为让学生能够维持一个良好的秩序，享受游戏，可以先进行非轮滑版抢球，帮助学生快速熟悉规则，包括有人抢到球后，其他人自觉散开一段距离，等待下次抛球，抢球过程要求学生不能有故意击打他人身体等犯规现象。

目的：锻炼学生的反应速度、规则意识和自我保护意识，在快速抢球的同时保证自己的安全。培养学生顽强拼搏的精神。

"轮滑抢等"游戏

由来：源于冰嬉中的抢等，与现代的速度滑冰较为相似。

方法：从同一起点出发，快速向前滑出，滑完指定距离。

目的：锻炼学生的下肢力量、耐力和判断力。学生在滑行时既要有速度，也要时刻关注自己和他人的位置，在合适的时间选择合适的策略。

"转龙投包"游戏

由来:源自冰嬉中的转龙射球,选手需要按照一定的方向一边滑行一边射箭,射箭对于小学生来说难度较大,学校把这个项目与扔沙包相结合,变成了"转龙投包"。

方法:滑到指定地点时,将手中的沙包投掷到篮筐中。

目的:锻炼学生的腿部力量、上肢力量和协调能力。

B.旱地冰嬉游戏实施策略

旱地冰嬉游戏实施主要分为两部分,第一是作为体育课课堂教学的一部分,第二是年级组小型模拟冰嬉运动会。

体育课实施:旱地冰嬉游戏既是一个游戏,又是一种锻炼学生身体素质的方式,因此学校可以把旱地冰嬉游戏按照难易程度,融入不同年级的体育课之中，1—2年级学生年龄较小，初次接触轮滑，课堂中主要以练习平稳滑行为主，练习过程中加入了轮滑抢等游戏，赛道滑行长度从20米到200米逐渐增加；3—4年级学生有一定的基础，在滑行的基础上增加一些难度，练习在滑行的过程中做出一些简单的动作，进行花样轮滑游戏比拼；5—6年级学生身体素质较好，轮滑基础较为扎实，练习在滑出一定速度时加入眼和手的动作，从一个人抢球、一个人滑行投篮到多人抢球、多人滑行投篮，在这个过程中学生身体的协调性、耐力、平衡性都得到了很好的提高。

年级组小型模拟冰嬉运动会：学校可以利用运动会等活动机会举行一次年级组小型模拟冰嬉运动会，所有学生参与，同年级组之间进行比拼，分为个人奖和班级优胜奖。

年级	小型模拟冰嬉运动会项目
1—2年级	轮滑抢等
3—4年级	轮滑抢等、花样轮滑
5—6年级	轮滑抢等、花样轮滑、旱地抢球、转龙投包

比赛规则如下：

"花样轮滑"：学生4人一组进行比赛，同时出发，到离起始点30米处时要做出"小燕子"或"金鸡独立"的动作并一直保持，滑得更远者为胜利，每组胜利者再次分4人一组进行比赛，决出前八名，第一名记八分，第二名记七分以此类推。

"轮滑抢等"：抢等场地为学校的200米操场，学生4人一组进行比赛,同时出发,每个人出发后第一段直线不允许跨道,从第一个转弯处可以选择跨道,最先滑到终点的人胜利。每组胜利者再次分 4 人一组进行比赛,决出前八名,第一名记八分,第二名记七分以此类推。

"转龙投包":10 名学生为一组,排成一队,保持好距离,滑到篮筐前进行沙包投掷,投中即为成功,每人一次机会。投中者再次组成 10 人队进行转龙投包,直至决出前八名,第一名记八分,第二名记七分以此类推。

"旱地抢球":8 人一组,整个游戏过程为 5 分钟,第一个由裁判抛出,接到球的学生记一次,并在 10 秒内抛出手中的球,以此类推,结束后计算每个人接到球的次数,次数多者获胜,记六分。

整个活动结束后把每个班级学生所得积分相加,分数最多的班级获得小型模拟冰嬉运动会的胜利。

旱地冰嬉的四个游戏规则与真正的冰嬉相似,但场地和器材要求较为简单,能够让学生时常参与,通过一场热闹的小型模拟冰嬉运动会,学生能够感受古代冰上运动项目的丰富,人们参与冰上运动的乐趣,从而提高学生参与冰雪运动的兴趣。

《冰嬉》教学设计

指导思想与理论依据(表 1)

(一)传统文化教育指导纲要

教育部 2014 年颁发的《完善中华优秀传统文化教育指导纲要》中提出:加强中华优秀传统文化教育,是培育和践行社会主义核心价值观,落实立德树人根本任务

续表

的重要基础。加强中华优秀传统文化教育，对于引导青少年学生增强民族文化自信和价值观自信，自觉践行社会主义核心价值观具有重要作用。

文化是民族的血脉，是人民的精神家园。学习传统文化，传承中华文明，弘扬民族精神，是基础教育的重要任务之一。

（二）北京 2022 年冬奥会和冬残奥会中小学奥林匹克教育计划

北京 2022 年冬奥会和冬残奥会是我国重要历史节点的重大标志性活动，是展现国家形象、促进国家发展、振奋民族精神的重要契机。奥林匹克教育是北京 2022 年冬奥会和冬残奥会的重要组成部分，为举办一届精彩、非凡、卓越的奥运盛会，在全国中小学生中更好地传播奥林匹克知识，弘扬奥林匹克精神，加快推动青少年冰雪运动普及发展，《北京 2022 年冬奥会和冬残奥会中小学奥林匹克教育计划》中提出：全国中小学要将奥林匹克教育纳入学校教育教学内容，通过综合实践活动课程、体育课程、德育活动等方式，开展奥林匹克主题教育。

因此，本节课把冬奥教育和中国冰雪文化教育相结合，以《冰嬉图》为研究对象，使学生在了解中国冰雪历史的基础上，为我国的传统文化感到骄傲，并能积极地加入冰雪运动中。

教学背景分析（表 2）

（一）学情分析

本班学生了解冬奥知识，多次参加冰雪活动，一部分学生更是现场观看过冰雪运动比赛。也就是说大部分学生都对现代冰雪运动有一定的了解。

（二）教学内容分析

《冰嬉图》描绘的是清朝乾隆皇帝观赏冰上表演的场景。从《冰嬉图》中，可以看出冰嬉活动的形式和规则，每人表演时要做各种动作，千姿百态、各展雄风，是极其珍贵的与传统体育文化有关的画作。

阿勒泰地区冬季时间长，降雪量大，特殊的地理位置，使其滑雪历史非常悠久，2015 年，来自挪威、瑞典、芬兰等 18 国的 30 余位滑雪历史研究专家，联名发表了《阿勒泰宣言》，认同中国新疆阿勒泰是世界上最古老的滑雪地域。这证明了中国滑雪运动起源非常早，距今约 1.2 万年，阿勒泰居民发明的毛皮滑雪板也充分体现了中国古代阿勒泰人民的智慧。

《冰嬉图》和阿勒泰地区代表了我国冰雪运动历史的悠久，我国是一个拥有丰富冰雪文化的国家，文化自信是一个国家、一个民族发展中更基本、更深沉、更持久的力量。让小学生们了解中国冰雪文化，建立文化自信是一个必要的任务。

教学目标（含重、难点）（表3）

教学目标：
1. 通过鉴赏《冰嬉图》，使学生了解清代冰嬉文化。
2. 通过制作冰嬉图的方式，增加学生对冰雪运动的兴趣。
3. 通过对《冰嬉图》和阿勒泰地区的了解，使学生产生民族自豪感，增加学生的文化自信。

教学重点：
通过鉴赏《冰嬉图》，使学生了解清代冰嬉文化。利用制作冰嬉图的方式，增加学生对冰雪运动的兴趣。

教学难点：
通过对《冰嬉图》和阿勒泰地区的了解，使学生产生民族自豪感，增加学生的文化自信。

教学过程（表4）

一、导入

冬奥会有近3000人参加，但你知道吗？我国古代有一场冰上比赛近5000人参加。有一幅画卷就表现了当时的场景。

【设计意图】通过和冬奥会人数对比，引出古代冰嬉运动，引发学生兴趣。

二、初步鉴赏

1. PPT展示《冰嬉图》，学生谈看到图画的第一感受。介绍这是古代图画的一种画法，写实作品，再现了当时的景象。

2. 每小组一张清晰的《冰嬉图》，学生初步观察《冰嬉图》，并分享自己的发现。

3. 发给学生关于《冰嬉图》的资料，结合资料，学生再次观察《冰嬉图》，并分享新的发现。

续表

资料：

　　这幅由宫廷画家所绘的画卷，在画面上右侧众人簇拥的就是皇帝华丽的冰床。冰场上，旗手和射手们间隔排列，沿着卷云形的冰道穿梭滑行。飘舞着彩旗的旌门上悬挂着射手们的目标——彩球。当表演结束的时候，谁射中彩球的箭数多，谁就能得到更多的赏赐。其实不难发现，这些射手和旗手们，在滑冰的时候还不时地表演一些高难度动作，比如倒着滑、单腿滑等，可谓是花样滑冰了。

　　【设计意图】分三步让学生欣赏《冰嬉图》，第一步远距离观看，了解古代写实作品的意义；第二步近距离仔细观察，初步欣赏，获取图片信息；第三步结合资料，有重点地观察图片信息。三次观察层层深入，使学生对《冰嬉图》有更为深刻的认识。

三、深入赏析

1.清朝皇帝为什么在太液池上进行冰上训练呢？教师讲小故事

　　天命年间（1616—1626年），墨根城遭到蒙古的巴尔虎特部落的围攻，情况十分危急，清朝老祖宗努尔哈赤知道这个消息后，急坏了，这可怎么办？距离远、情况又紧急。他就想啊想啊，他有一个部将，"所有皆着乌拉滑子，善冰行，以炮驾爬犁，沿脑温江冰层驰往救，一日行七百里。时城垂陷，满兵至，巴尔虎特尚弗知。及炮发，群疑兵自天降，围始解"（出自《满语择抄》）。

2.出示《冰嬉图》的名字，并补充冰嬉背景知识

　　《日下旧闻考》：太液池冬月表演冰嬉，习劳行赏，以简武事而修国俗。
　　国俗：一国的风俗，代表了清朝的文化。
　　作者：金昆、程志道等合画。
　　材质：《冰嬉图》是一幅绢本设色的绘画，具有重要历史价值和艺术价值，为了更好的保存，《冰嬉图》很少被展出。所以我们在故宫调查时未能目睹此画。
　　清代流传下三张《冰嬉图》，两张为宫廷画师创作，一张为清代画师金廷标绘制的重点描绘民间儿童在冰面上戏耍的场景。

3.播放介绍《冰嬉图》的视频，整体了解《冰嬉图》。
4.了解清代其他冰嬉运动。
（1）出示清代其他冰上运动资料。

　　据文献记载，当时皇帝观赏的溜冰项目还有以下三种：一是比赛快慢的速度

续表

> 滑冰，清代称"滑擦"，选手们穿着带铁齿的冰鞋，在冰上如风驰电掣般滑行，先夺标的取胜；二是杂技滑冰，如在冰上飞叉、耍刀、弄幡、使棒、叠罗汉等，难度颇高，技艺非凡；三是冰上踢球，两队在冰上争抢皮球，哪队在自家领域里得到皮球就哪队取胜。这些冰上运动，或充满欢声笑语，或过程激动热烈，很为即将到来的新年增添许多喜庆的气氛。

（2）学生说说这些项目和冬奥会上的哪些项目相近。

（3）小结：从《冰嬉图》和文字资料中可以看出，冰雪运动在中国是一个古老传统，流传有序，发展渐进，有专门的组织系统，有完善的规则制度。已然形成了中国的冰雪文化。

【设计意图】在学生深入欣赏图片后，给出冰嬉的名字，使学生更容易明白冰嬉的含义，结合清代冰嬉的背景资料的介绍，使学生对冰嬉文化的理解更为深刻。

四、拓展

1.介绍中国新疆北部的阿勒泰地区是人类滑雪起源地。

（1）播放阿勒泰牧民采访视频。

（2）看过视频，你能说说阿勒泰滑雪运动让人骄傲的地方在哪吗？

（3）小结：阿勒泰的滑雪运动起源早，让我们非常骄傲，牧民制作滑雪板的方式充分反映了人民的智慧。

2.冰雪运动在中国一直被延续，北方的很多人到了冬天都会到冰面上滑冰，有一支队伍今年冬天时在北海冰面还原了清代盛大的冰嬉活动。出示北海展演时的照片。

续表

【设计意图】在深入了解清代冰嬉文化的基础上,拓展了阿勒泰滑雪起源地的内容和北海展演情况的资料,拓宽学生知识面,也为学生继续探索我国古代冰雪文化留下了台阶。

五、小结
1.展示用学生滑冰的照片制作的冰嬉图

2.鼓励学生多参与冰雪运动,制作自己的冰嬉图。
【设计意图】中国传统文化不仅要了解,而且要传承,让学生在理解中国冰雪文化的基础上,热爱冰雪运动。通过创作冰嬉图的方式,把冰嬉文化延续下去。

学习效果评价(表5)

学习效果评价单			
1.把冰嬉具体、生动地讲给父母听。			
自评		家长评	
2.你最喜欢今天哪部分内容?			
3.你还想要了解哪些冰雪运动知识?			

教学设计特色(表6)

> 教学设计特色：
> 1.内容新颖，结合当今时代发展
> 本节设计是以《冰嬉图》为基础，把冬奥教育和传统文化教育相结合。我国已正式进入冬奥阶段，国家制定了"三亿人上冰雪"的目标，目的就是让更多的人了解冰雪，参与到冰雪运动中来。本节课就以古代冰雪运动——冰嬉为主了解内容，让学生了解我国清朝是如何在冬天进行冰雪运动的，冰雪运动的乐趣在哪，以此吸引更多的学生热爱冰雪运动、参与到冰雪运动中。
> 2.层层递进，提高学生鉴赏能力
> 《冰嬉图》和学生平时看到的图画不一样，它是一幅5米多的长卷。本次教学中先让学生远观，感受中国长卷气势宏大；然后近看，欣赏长卷的精心构图，笔墨精微；最后结合资料，观察重点内容。通过这三步，让学生学会从远到近，从整体到局部地鉴赏图画的方法。并且在这个过程中，教给学生古代展开和整理长卷的方式，让学生在课堂的点点滴滴中接受传统文化。

我与冰嬉图

电厂路小学 四年级（1）班 白心悦

指导教师 杨薇

第一次接触《冰嬉图》是在课堂上，老师把《冰嬉图》放在桌子上让我们近距离观察它。长长的卷轴在课桌上舒展开来，同学们都十分激动,每个人都聚精会神地欣赏着这幅精美的作品。画中的人物栩栩如生，虽然图片是静止不动的，但是他们翩翩起舞的动作好像能让画面活起来，让人感觉自己正在观摩一场盛大的表演，把我们的情绪调动得十分高涨。老师让我们自由发言，表达观看这幅画的感受，我积极举手说感觉冰嬉图画很美，老师问我认为这幅画具体美在哪里,我一时之间不知道怎么回答,就说整幅画都很美。这个回答令我自己十分不满意,想起学校正在举办"走进线上博物馆"的活动,我决定利用课余时间探索故宫博物院的数字文物库,再认真仔细地欣赏几遍《冰嬉图》,并通过查阅资料了解《冰嬉图》背后的故事,弄明白《冰嬉图》为何让我感觉很美,这些美点具体表现在什么方面。

通过在网络上搜索《冰嬉图》的背景,我了解到在清朝时期的冬天,冰面上厚厚的一层冰是冰嬉活动开始的必要条件。因冰嬉内容丰富多彩,所以乾隆皇帝十分喜爱举办冰嬉大典,尤其是"转龙射球"呈一时之盛,每年皇家都会挑选上千名选手进行比赛。场地中间会有一条封闭的祥云滑道,祥云滑道每隔一段距离会有一个旌门,选手们手里会拿着一副弓箭,快到旌门处,会射旌门上的球,射中了会往前走,直到表演结束为止,射中彩球数目越多,得到皇帝的奖赏越丰厚。查阅完这些资料,我认为《冰嬉图》的第一个美点就在于冰嬉这项活动本身就极具吸引力,行云流水的表演动作与热闹激烈的比赛项目都很令人着迷,而且在冰面上进行活动不比在陆地上,是需要特定的时节才能举行的,物以稀为贵,更显得冰嬉活动的难得与美丽。

之后,我开始顺着往下查阅冰嬉的历史。了解到虽然冰嬉在清代很盛行,但是清代却不是第一个接触冰上运动的,在张宝强教授的《中国传统冰雪运动文化的内涵与特征研究》中叙述了中国冰上运动的历史发展。中国冰上运动起源于唐代,在宋代就有了冰上运输工具——凌床。而在元代又出现了以狗为役力的冰上交通工具

"站车"，其形状类似现在的狗拉雪橇，所以又名"狗车"。到了明朝时期，"凌床"又称为"拖床"，成为宫廷和民间开展的一项冰上活动。特别是清代乾隆时期宫廷冰嬉大典的举行，标志着我国古代冰雪运动文化达到高峰，《冰嬉图》也随之出世。这也是我认为《冰嬉图》的第二个美点，是将上千年的冰雪运动发展融入这一方图纸之中，包含着数不尽的文化与历史，让人不禁陶醉其中。

《冰嬉图》的美并不止这两点，而我和《冰嬉图》的缘分也并没有就此结束。出于对《冰嬉图》的喜爱，还有线上博物馆的便利条件，我不断地进行学习和探索，不仅注重每一次学习的过程，了解到很多关于冰嬉的新知识，也注重研究的结果，在老师的指导和一次次修改之下，终于和同学完成了一份有关于冰嬉的研究报告。但我不会停止学习的脚步，我计划在主题交流会上与同学们分享我的研究成果，认真听取其他同学提出的意见，并不断改进报告的内容，也会多多参与有关于冰嬉的活动，为我的冰嬉探索历程画上一个句号。

北京冰上运动的历史与传承

北京市石景山区电厂路小学　潘雷、牛子木、白心悦、
冀一萌、谢金泽
指导教师　杨薇

摘要：2022年北京举办第24届冬奥会，在此契机下，我们对北京冰上运动文化的历史进行了研究，通过搜集资料、调查采访等

方式，了解了从清朝到现代北京人冰上运动的情况，并结合相关情况，思考作为小学生的我们如何传承北京冰上运动文化。

关键词：北京冰上运动　　冰雪文化传承

一、问题提出与背景

1.问题提出

2022年北京举办第24届冬奥会，冰雪项目尽人皆知。但是人们熟知的冰上运动，都是从国外传来的，很少有人知道我们中国传统的冰上运动，那么作为中国首都的北京又有哪些传统的冰上运动呢？

2.文献综述

张宝强教授在《中国传统冰雪运动文化的内涵与特征研究》中叙述了中国冰上运动的历史发展。中国冰上运动起源于唐代，在宋代就有了冰上运输工具——凌床。而在元代又出现了以狗为役力的冰上交通工具"站车"，其形状类似现在的狗拉雪橇，所以又名"狗车"。到了明朝时期，"凌床"又称为"拖床"，成为宫廷和民间开展的一项冰上活动。清代，特别是乾隆时期宫廷冰嬉大典的举行，标志着我国古代冰雪运动文化达到高峰。

二、研究目的

该研究旨在了解北京冰上运动历史文化，思考如何有效地传承北京传统冰上运动。

三、研究内容、对象、方法、过程

1.研究内容

（1）北京冰上运动文化的历史。

（2）如何将北京冰上运动文化传承下去？

（3）北京的冰上运动项目与冬奥会的冰上项目有什么联系？

2.研究方法

（1）文献法

我们在实地考察之前搜集了大量的资料，在有限的时间内对接下来的研究做好了充分的准备，找到了自己研究的主要内容和地点。同时，资料也使我们能更好地理解和调查北京冰上运动文化。

（2）实地考察法

我们来到故宫、北海公园进行实地考察，故宫是清朝皇帝居住的地方，也是皇家组织冰嬉活动的后勤处，现在故宫博物院里还保留着《冰嬉图》的原件，我们来到故宫博物院想一睹《冰嬉图》的真容；北海公园是皇家举办冰嬉大典的地方，我们来到了北海公园的冰面上，体验了当年的人们在上面滑冰的心情。

（3）采访法

我们对20世纪五六十年代的北京人做了采访，询问他们滑冰的情况、滑冰工具等内容。

四、研究结果与分析

1.查阅资料

通过查阅资料，我们发现北京冰上运动起源于清朝，满族入关后，努尔哈赤把滑冰运动从东北带到了北京，每到冬天水面上结厚厚一层冰的时候，皇家就开始举办冰嬉大典。每年皇家会提前挑选上千名擅走冰的能手入宫训练，于冬至到"三九"在太液池上表演。

每逢这时，北海公园四周搭起彩棚，插彩旗，悬彩灯，皇帝和后妃、王公、大臣都来观赏。今北海公园漪澜堂就是当年乾隆皇帝以及后来的慈禧太后等观赏溜冰的地方。参加表演的人数，每次为一千六百名，代表满清八个旗。检阅时分为两队：一队领队穿红马褂，队员穿红背心；另一队领队穿黄马褂，队员穿黄背心。队员背上分别按旗籍插着正黄、正白、镶黄、镶白等小旗，膝部裹皮护膝，脚穿装有冰刀的皮靴。冰场上矗立着三座插有彩旗的高大的旌门，两队队员各自列成一路纵队，分别从门中穿过。场上形成两个云卷形的大圈，场面蔚为大观。从《冰嬉图》中，可以看到每人表演时还要做各种动作：有花样滑冰动作，杂技动作，还有军训性质的溜冰射箭动作等。

2.景山采访

我们来到距离北海和什刹海非常近的景山公园进行采访，寻找七八十岁的老人，了解 20 世纪五六十年代的北京人滑冰情况。

采访提纲：

爷爷奶奶您好，我们是来自电厂路小学的学生，请问您现在有没有时间，我们想采访您几个问题：

1. 您滑过冰吗？
2. 您当时是在哪滑冰的？
3. 您当时的滑冰工具是怎么来的？
4. 您当时滑冰的时候有没有遇见有趣的事，可以和我们分享一下吗？
5. 您当时是自己一个人去的吗？
6. 您都知道哪些冰上项目？

采访结果：

通过采访，我们发现有的爷爷奶奶在后海和北海滑冰。他们的冰鞋有的是自己做的，先把铁片磨成刀片，然后在铁片上打几个孔绑在鞋上，这就是他们做的滑冰鞋。还有的是自己买的。一般20世纪五六十年代的年轻人喜欢成群结队一起去，在冰面上你追我赶，时不时做几个花样动作，引得全场欢呼，十分欢快。

3. 故宫调查

我们在故宫对工作人员、游客和导游进行了问卷调查，分析中国人对北京冰上运动的了解情况。

问卷

感谢您在百忙之中抽出时间进行调查,以下问题请您根据自己的实际情况进行填写。

1. 您知道《冰嬉图》吗?

   A.知道　　　　　B.不知道

2. 您知道《冰嬉图》上有什么内容吗?

   A.知道　　　　　B.不知道

3. 您知道北京传统冰上游戏有哪些吗?

   A.知道　　　　　B.不知道

4. 您了解北京冰上运动起源于何时吗?

   A.了解　　　　　B.不了解

故宫《冰嬉图》调查结果

	总人数	游客	导游和工作人员
调查人数	90	78	12
知道《冰嬉图》	8	1	7
不知道《冰嬉图》	82	77	5

分析感受:在我们的预计里,游客中应该会有几个人知道《冰嬉图》,作为故宫的导游和工作人员更应该对《冰嬉图》知道得更多。我们知道,在平昌冬奥会时《冰嬉图》作为镇馆之宝被展示在

中国之家的三楼,吸引国外友人驻足欣赏。然而事实是游客中仅有1人知道《冰嬉图》,而导游和工作人员中也只有寥寥几人了解《冰嬉图》。《冰嬉图》代表了我国冰雪文化的历史,从《冰嬉图》上可以看出我国冰雪文化的历史痕迹,我们作为中国的一名小学生,为我国的冰雪历史骄傲,也应肩负传承的使命,让更多的人了解北京冰雪历史,让更多的人为自己的祖国自豪。

主题二　阿勒泰的古老滑雪

杨薇

> 据有关专家研究推断，人类最早的冰雪活动应当是滑雪，而滑雪运动又是冬奥会的经典比赛项目。1924 年第 1 届冬季奥运会，即已将滑雪列为正式比赛项目。那么，滑雪运动最早起源于哪里？这节课我们就一起来研究下世界滑雪起源地——中国新疆阿勒泰。

经典原文

田多雪，恒以木为马，雪上逐鹿，其状似盾而头高，其下以马皮顺毛衣之，令毛着雪而滑，如着履屐①，缚之足下，若下阪②走过奔鹿，若平地履③雪，即以木刺地而走，如船焉，上阪即手持之而登。

——《文献通考》

注释：①履屐：指鞋。②阪：山坡，斜坡。③履：踩，走。

文化阅览

2006年阿勒泰宣言

我们是相关学科的研究人员,经过认真的考察和研究。今天,我们聚集在新疆阿勒泰市向世人郑重宣布:中国新疆阿勒泰地区是世界滑雪最早的起源地。其根据如下:

一、阿勒泰地区具备了滑雪起源的一切自然与人类活动的基本条件。

二、国内外已有学者指出,阿勒泰地区最先开始了人类滑雪活动,并逐渐向斯堪的纳维亚、阿拉斯加等地传播。

三、经过对阿勒泰地区实地考察发现,古人在洞穴中彩绘的人物滑雪图像,证实古阿勒泰人早在距今一万年左右就已开始滑雪活动。

四、虽然经历了漫长的时代变迁,现阿勒泰居民仍广泛沿袭脚踏自制的"毛皮滑雪板"、手持单支木杆在雪地里滑行的古老传统。

我们将在更广泛的领域中进行深入的考察和研究,使"中国新疆阿勒泰地区是世界滑雪最早的起源地"学说,得到国内外普遍认同并广泛传播。

我们高兴地看到,新疆阿勒泰市政府在保护相关文物和古老滑雪传统方面所作出的努力和取得的成就。中国滑雪协会对此给予了高度关注和大力支持。

我们诚挚地欢迎世界各国有兴趣的同仁及朋友们来中国新疆阿勒泰地区参观、考察。

为了让世人更深入了解世界滑雪最早起源地是在新疆阿勒泰

地区，为了促使阿勒泰地区古老而璀璨的滑雪文化能够世代弘扬下去，我们提议：

一、从2006年开始，将每年1月16日作为世界滑雪最早起源地纪念日。

二、在阿勒泰市修建世界滑雪起源地博物馆。

三、为使"毛皮滑雪板"滑雪的古老传统得以传承，坚持每年1月16日在阿勒泰市举行古老滑雪比赛。

单兆鉴　王博　吕恩国　王建新　刘永年　鲁礼鹏　刘国防　郑颉

2006年1月16日

2015年阿勒泰宣言

我们是从事滑雪历史及相关领域的研究者。2015年1月14日—18日，我们相聚中国新疆阿勒泰市参加了"阿勒泰——人类最古老的滑雪地域——2015年中国阿勒泰国际古老滑雪文化交流研讨会"。

经过此次研究会的讨论和协商，我们达成了以下共识。

1.此次研讨会很好地结合了会议交流和实地考察两大环节，主题突出，内容丰富。我们确信此次会议必将在中国及世界领域产生积极而深远的影响。我们衷心感谢此次会议的组委会对活动的精心安排，尊重中国阿勒泰地区古老滑雪历史和文化的科学研究及记载。

2.中国新疆阿勒泰是世界上最重要的古老滑雪地域。这不仅是人类滑雪历史上宝贵的遗产，亦是对世界滑雪文化的重大贡献。我们对阿勒泰市政府和中国专家的专业成果给予充分的肯定及支持。

3.我们提议中国新疆阿勒泰要不断弘扬古老滑雪传统,并将它世代传承。

4.我们希望能与阿尔泰山脉周边国家建立牢固的合作关系,及时分享知识、信息与成果。

最后,我们有决心弘扬阿勒泰古老滑雪传统,繁荣世界滑雪文化。

单兆鉴、卡琳·博格(挪威)、尼尔·拉尔森(美国)
2015 年 1 月 18 日

拓展链接

将军山:世界滑雪者的圣地

虎踞在新疆阿勒泰克兰河东岸的将军山是此地的象征和骄傲。这座山的主峰呈南北走向,面积 18 平方千米,海拔 1325 米,可谓沟壑密布,层峦叠嶂,俨然是一位威风凛凛、顶天立地的"将军",日夜守护着阿勒泰这片神奇又美丽的山地。

将军山不仅是一座山,还是一座滑雪场,而且还是一座 5S 级的滑雪场,具有阿勒泰冬季冰封期漫长、雪量充沛、雪质优良等优势。

因为气象条件各异,每个滑雪场的降雪都各有特色,雪质也会呈现不同形态。就大自然降雪来说,大致有粉状雪、片状雪、浆状雪和壳状雪 4 种。在不同形态的雪上滑行,滑雪者的体验有所不同,对滑雪技巧的要求也不同。总体而言,几乎所有的滑雪者都渴望在纯天然、没有经过人工压制的粉状雪上滑个痛痛快快。

将军山滑雪场冬季寒冷干燥，降雪多为粉状雪和片状雪。在低于零下 25 摄氏度的环境中，将军山滑雪场中的雪接近于"沙子"，既不容易结块，摩擦力也比较小。在这样的雪道上滑行，犹如在宽敞平坦的马路上行驶。

但是，不同于丝绸之路国际度假区，将军山滑雪场位于阿勒泰城中，距离金山广场仅 1.6 千米，对滑雪者而言，无疑是极大的便利，可以将更多时间用于滑雪的体验中，而不是路程上。

对于滑雪场来说，雪道是立身之本。将军山滑雪场最高海拔 1325 米，最大高差 405 米，共建有 27 条雪道，其中 3 条为高级雪道。1 条高级雪道已经过国际雪联认证，可以举办国际男子、女子大回转、小回转比赛。

国际雪联滑雪场技术官员马库斯曾对其作出高度评价："这是一条既有技术性，又有一定难度的雪道，在欧洲也很难找到这样的雪道。如果欧洲的运动员及滑雪爱好者来到了这里，一定会使他们对中国滑雪场产生颠覆性的认识。"

实践探究

在2006年阿勒泰宣言中提到阿勒泰地区具备了滑雪起源的一切自然与人类活动的基本条件,请你查阅相关资料,总结一下阿勒泰地区具有哪些基本条件?

条件	具体内容
天气	天气寒冷的地域

> 你认识古老的滑雪狩猎器具吗？请把它们的名字填在下边。

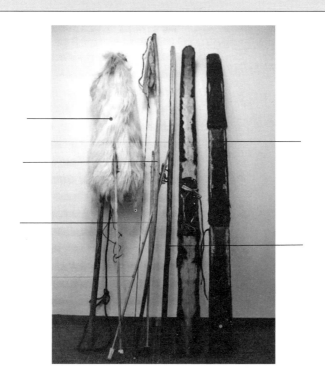

古老滑雪文化设计与实施

一、背景

1.基于学校冰雪课程

学校的办学理念为"互·动"教育，激发成长动力，希望学生在学校生活中能够互助互爱，自信自强，积蓄充沛的成长力量。2015年，学校结合北京冬奥会申办成功的契机，冬奥组委离学校较近的有利资源,开设了实践类冰雪课程,以冰雪为主线,开设了冰雪课堂、冰雪社团等形式多样的课程。冰雪综合实践活动是学校冰雪课程下的一门民族传统文化教育与冬奥教育相结合的、以探究考察为主的综合实践课,目的是通过对中国传统冰雪运动文化的探究,提升学生的思维能力、合作交流能力,提高学生对冰雪运动的热爱、对中国传统文化的热爱。

2.冰雪综合实践活动的育人价值

基于探究考察的综合实践活动能培养学生的理性思维,能理解和掌握基本的科学原理和方法,培养学生有实证意识和严谨的求知态度,能大胆尝试,积极寻求有效的问题解决。冰雪综合实践活动涉及多门学科,通过跨学科融合,加强学科间的联系与整合,突破学科课程边界,提高学生合作交流能力和综合性解决问题的能力。

二、古老滑雪文化综合实践活动设计理论依据

古老滑雪文化综合实践活动以中国学生发展核心素养为依据,从文化底蕴和探究学习两方面进行设计。

1.设计原则

综合性原则:突出整体育人的基本理念,加强学科间的联系与整合,突破学科课程边界,设置跨学科综合学习、主题化学习及实践活动课程,开设围绕主题的跨学科综合实践活动,以实现全科育人、全程育人、全员育人和实践育人。

探究性原则:在教师的指导下,以学生为主体,让学生自觉地、主动地探索,掌握认识和解决问题的方法和步骤,研究冰雪运动历史的属性，发现事物发展的起因和事物内部的联系，从中找出规律，形成概念，建立自己的认知模型和学习方法架构。

主体性原则：以学生的发展需求为目标，激发学生的内在需求，调动学生在课程中的主动性，通过激发动机，变被动学习为主动学习，使整个教学过程，充满学生的智慧，体现学生的理解、思维、体验等内发性行为和合作、分享、倾听、操作等外发性行为。

2.育人价值

探究阿勒泰古老滑雪历史文化，是对中国滑雪历史的追溯，这既是中国滑雪起源地，也是世界滑雪的起源地，探寻历史，亲自感受当时的滑雪盛况，提高学生的民族自豪感；毛皮滑雪板的设计充满智慧，与现代滑雪板大相径庭，这是古老阿勒泰人在恶劣环境下不放弃的精神，是面对困境的胜利果实，是在险境中积极面对的最好见证。

总而言之，通过对古老滑雪文化的探究考察，提高学生学习传统文化的意识，激发学生参与滑雪运动的热情。在过程中培养学生科学探究的精神、自我管理与合作交流的能力，提高学生的信息意识，积淀学生的人文底蕴。

三、实践活动设计

1.活动目标

《古老滑雪文化》这次综合实践活动的目标为通过查阅资料、整理资料等方式完成对世界滑雪起源地新疆阿勒泰的考察探究，了解新疆阿勒泰的环境、人文等特点，从而学习阿勒泰人滑雪精神；认识并设计制作毛皮滑雪板，提高合作与交流能力、动手操作能力。

2.活动过程

围绕着古老滑雪文化这个主题，组织学生开展一系列的探究活动，大体分为三个阶段：准备阶段、实践阶段和展示阶段。在准备阶段，教师组织学生根据主题提出问题，形成探究主题，并分小组设计学习单。在实施阶段，根据学生设计的探究学习单，分小组进行自主探究，包括查阅资料、整理资料、集体交流等，在学生对主题有一定程度的了解后，组织学生进行集体探究活动，包括专家讲座、实地考察、设计制作等，进一步解决本组产生的疑问。最后的展示阶段，各个小组相互交流学习成果和收获，教师进行总结提炼，为下一次的探究提出设想。

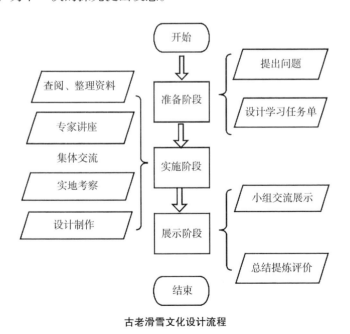

古老滑雪文化设计流程

3.活动内容

准备阶段：

（1）提出问题：教师总结上个主题活动后学生的思考，引出本次活动的方向——探究中国滑雪历史。观看教师找到的视频资料，确定了主题：阿勒泰的古老滑雪。围绕本主题，结合之前看的宣传片，学生提出想了解的问题，对问题进行归纳总结形成探究小主题。

（2）学习任务单：各小组选择自己最感兴趣的探究小主题，设计本组的学习任务单，包括探究内容、人员分工、探究方法等。

实践阶段：

（1）查阅、整理资料：分小组查阅资料是每一次探究的第一步，通过查阅资料、整理资料，对本组问题有初步的了解，在了解的基础上才能引发更多的思考和学习。

学习单	
探究主题	
探究内容	
探究方法	
探究步骤	
小组分工	

（2）专家讲座：新疆阿勒泰离学生所处地较远，环境和生活方式也与学生有很大差别，所以对资料的了解需要专业人士的讲解。邀请对阿勒泰古老滑雪文化非常熟悉的专家对学生进行更加细致的讲解，帮助学生解决疑惑。也可以让学生设计采访提纲，在

讲座后对专家进行采访。

（3）实地考察：首钢展示中心有一副当地人制作的毛皮滑雪板，组织学生近距离观察毛皮滑雪板，通过画、照、写等方式记录下自己的感受与收获。

（4）设计制作：毛皮滑雪板的智慧体现在阿勒泰人因地制宜的设计上，学生在通过对其分析理解的基础上，结合学校环境设计自己的毛皮滑雪板。

展示阶段：各小组整理学习资料，设计展示方式，在课堂进行本组学习成果汇报。教师和学生共同总结、评价本次综合实践活动过程与成果，并填写评价表。

4.评价方式

评价包括过程性评价和成果展示评价，过程性评价通过学生自评、生生互评等方式，对学生在过程中的表现进行评价，占比70%；成果展示评价以教师评价为主，对学生课堂成果展示的表现和实践成果进行总结性评价，占比30%。

评价表				
评价项目	自评	互评	师评	综合评价
承担任务	☆☆☆	☆☆☆	☆☆☆	☆☆☆
参与活动	☆☆☆	☆☆☆	☆☆☆	☆☆☆
与人合作	☆☆☆	☆☆☆	☆☆☆	☆☆☆
提出建议	☆☆☆	☆☆☆	☆☆☆	☆☆☆
展示表达	☆☆☆	☆☆☆	☆☆☆	☆☆☆
感悟创新	☆☆☆	☆☆☆	☆☆☆	☆☆☆

四、活动实施过程

（一）准备阶段

1. 提出问题

在探究完中国冰上最盛大的活动——冰嬉盛典后，学生对中国滑雪历史产生了兴趣，通过观看介绍世界滑雪起源地的宣传片，让学生认识了新疆阿勒泰地区，对这里有了一个初步的印象，围绕着"阿勒泰的古老滑雪"这一主题，学生进行了头脑风暴，每个人都开拓思维，提出自己疑惑的或者想了解的问题，互相启发，激发灵感。通过归纳筛选，总结出同学们最想了解以及最有价值的四个问题：

第一，阿勒泰人是如何进行滑雪活动的？

第二，人类滑雪起源地应具备哪些条件？

第三，毛皮滑雪板的制作材料和制作过程是怎样的？

第四，古老岩画展示了哪些滑雪情景？

头脑风暴是一个发散的过程，学生能够在相互的启发下多角度思考问题，锻炼思维能力；问题归纳却是一个收缩的过程，面对大量的问题，如何作出选择和决定，考验学生辩证地看待问题的能力。

2. 小组设计学习单

学习单是学生进行自主探究的重要工具，每个小组围绕一个主题进行学习单的设计，既能为下一步活动的开展提前进行有目的性的规划，避免活动过程中的无用功，也能在设计中提高学生自我管理能力。

学习单的设计对学生来说有些难度，于是教师先给学生提供一份活动方案设计，帮助学生梳理思路，在设计单上学生需要填写本组探究的主题，思考在这个主题下需要探究的内容是什么？应该选择什么样的方法进行探究？之后把任务分解成一个个步骤，化繁为简，小组是一个整体，每个人都应该发挥自己的作用，成员可以根据所擅长的内容自主选择合适的任务，互相合作，完成小组学习。

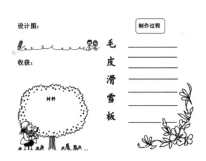

填写完活动方案设计后，学生对本组任务更加清晰，并设计了成果学习单。以毛皮滑雪板小组为例，学生设置了四个任务：查询制作毛皮滑雪板的材料、制作过程、画出毛皮滑雪板的设计图、记录活动过程中遇到的困难和解决方案。

学生在填写活动方案和设计学习单的过程中，初步形成了学习意识，能够自主选择合适的学习方法，提高了学生的学习兴趣和学习能力。

（二）实践阶段

1.查阅资料

学生查阅资料主要有三种方式：查阅书籍、上网搜索和请教他人。如何能有效地查找到自己需要的资料呢？针对这个问题，我们进行了一个简单的讨论，学生分享了自己查阅资料的经验，最终经过讨论，我们认为书籍可以选择单兆鉴老先生写的书，上网搜索时关键字可以定为"阿勒泰滑雪""人类滑雪起源地"等，请教的人选可以是从事滑雪的运动员或研究滑雪运动的专家等。

2.专家讲座

学生通过查阅书籍和网络，对阿勒泰古老滑雪文化有了初步的了解，了解得越多，疑惑也就越多，学生特别希望能得到专业人士的解答。学校顺应学生的请求，请来了研究阿勒泰古老滑雪的单兆鉴老先生为同学们进行讲解。在和单老先生的接触中，学生不仅享受了知识的饕餮盛宴，还被单老先生对中国滑雪历史探究的执着精神所打动，纷纷表示也要学习单爷爷这种坚持不懈的精神，好好学习，做好每一件小事。

3.整理资料

整理资料是一个删减、斟酌、归纳、总结的过程,小组中每一个人都查找了大量资料,小组长先带着组员阅读了这些资料,对重复的内容选择最合适的一份,对不同的内容逐一判断是否需要,内容是否恰当。最后填写完成本组学习单。

活动中的每一次探讨、学习都以学生为主体,是源于学生的需求而产生的,这样学生在学习时就具有了内驱力,学习效率更高。通过练习如何能自觉、有效地获取、评估、鉴别、使用信息,学生提高了信息意识。

4.参观首钢冬奥展示中心

网络上的图片看得见、摸不着,学生想要近距离接触毛皮滑雪板,看一看它是不是与资料中描述的一致,于是学校组织学生来到首钢展示中心进行参观,在这里,同学们看到了阿勒泰人亲

自制作的毛皮滑雪板。毛皮滑雪板非常长，挂在墙上，给人以视觉上的冲击，仿佛看到了古阿勒泰人踩着毛皮滑雪板在雪山中飞跃驰骋的画面。顺着马毛摸，手感顺滑；逆着马毛摸，阻力增大。毛皮滑雪板的出现把资料和现实一下子联系到了一起。

5. 自制毛皮滑雪板

同学们想把毛皮滑雪板带回家，但又买不到，就想自己根据资料制作一副。小组先进行了讨论，画出毛皮滑雪板的设计稿，确定适合的制作材料，对小组成员进行分工。材料准备好后开始制作，但理想与现实是有差距的。同学们遇到了些问题，首先是材料的选择，如果用纸板作为滑雪板主体的话，有些柔软，无法支撑人在滑雪板上滑行；如果用木板作为滑雪板主体的话，过于硬，前端无法弯曲，形成弧度。经过讨论，最终决定对两者进行结合，既保持了滑雪板的硬度，也让滑雪板有了一个弧度挡板。其次是滑雪板连接的技术问题，古老毛皮滑雪板选择用动物皮直接作为绳子连接毛皮和板子，现代技术中用钉子连接物品更加方便，但学生最终选择利用毛衣线作为绳子进行连接，他们认为毛衣线更能体现毛皮滑雪板制作的智慧。

动手实践是最有效的学习方式，在操作中不仅锻炼了学生的动手能力，也提高了学生解决问题的能力。学生能依据特定情境和具体条件，选择制订出合理的解决方案。问题来源于生活，也实践于生活，在生活中解决实际问题，是提升学生核心素养的重要方式。

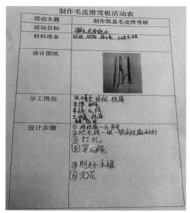

（三）展示阶段

展示阶段是对这一系列活动的总结与提升。在课堂上，先带领学生回顾这段时间开展的活动，帮助学生厘清综合实践活动的步骤，明确活动目的。然后各个小组进行了形式多样的学习成果汇报，有的小组以图片为主进行讲解，有的小组把活动过程拍成了小视频，还有的小组把自己精心制作的实物展示给大家。班级内的交流展示锻炼了学生的口头表达能力、与人交流能力，在得到其他人肯定时提高了自信心。

五、课程总结

古老滑雪文化主题综合实践活动结束后,师生共同总结了本次活动中的亮点和不足,并对每位同学的表现进行了评价,通过本次评价,发现同学们在与他人合作和展示交流两方面进步很大。

1.与他人合作更和谐

小组内成员在合作过程中更加和谐,掌握了一定的交流技巧,能够在分配任务时,服从组长的安排,积极主动配合组内工作;在遇到分歧时,能够冷静下来,每个人说出自己的想法,协调解决。

2.展示交流更丰富

本次综合实践活动展示阶段,各小组展示交流的方式更加丰富,包括视频、照片、事物讲解等,在展示时组内每个人都能发挥自己的优势,承担起一定的任务,愿意大胆尝试,积极寻求更好的展示方式。

主题三 老北京冰上游戏

杨薇

> 早年间,北方冬天家家烧煤炉,盖火就是炉子上封火用的铁盖。盖火呈圆形、中凸,顶端有小孔,状似铙钹。小孩子冬天常拿盖火到冰上踢耍,相互击打嬉戏。这就是老北京人经常玩的冰上游戏——踢盖火,现在也叫冰蹴球。这节课我们就来认识一下冰蹴球。

经典原文

蹋鞠场中浪荡争,一时捷足趁坚冰。铁球多似皮球踢,何不全丸逐九陵。

——《百戏竹枝词》

文化阅览

溜冰

金受申

北京过去的溜冰，可以分为宫中的溜，平民的溜；又可以分为个人的溜，众人的溜。在清代盛时，每到冬天，在北海观军队在冰上竞技，看其排列行进，步伐精神。有时太后率宫人乘坐冰床，冰床形似方床，下床足安两铁条，用人拉行，跑到极快时，拉的人可以坐在床上。不过宫中冰床，较外边的稍大，上支黄幄，可以避风，帝后可以乘坐。有时在冰上施放烟火，灿烂辉煌，实是大观啊！据《金鳌退食笔记》说："禁中人于冰上作掷球之戏，每队数十人，各有统领，分伍而立，以皮作球，掷于其中，俟其将堕，群起而争之，以得者为胜，每有此队之人将得，而彼队之人蹴之令远，喧笑驰逐，以便捷遒敢为能，所着之履，皆有铁齿，行冰上不滑也。高宗有御制冰嬉赋。"这百十余字，可以看出以往冰球的方法和冰球的形质，以及皇帝曾经看过，都明白地写出。至于民间的溜冰，也没有冰鞋，更没有冰场，只在鞋上绑一木板，板上安两根大铁条，平民的冰鞋，便已完成，甚至穿着老头乐的毛窝，也可以在冰上一逞雄姿的。以往的溜冰，不注意短跑和表演技术，虽然有时来个"苏秦背剑""金鸡独立""凤凰单展翅"的花招，但没人看重，也没有化装表演。最擅长的，便是长跑，有时二十八英里的竞赛，顷刻便跑个来回。有些人要表演他的长跑？何况还是那极笨的冰鞋，又没有人工平如镜的冰场，岂不难能？前几年东直门外角楼一带护城河上，常有穿着新式冰鞋的溜客，便是某校的平民溜冰。至于冰床，更有趣味，冬天的护城河、什刹海，岸旁常放着许多冰床招揽乘客，在新年正月，坐着冰床，驰骋冰上，虽不用足溜，也很有意思。前几年，我每到正二月，常在一溜胡同广庆轩听杨云清说《水浒》，傍晚散书，由银锭桥到德胜门，坐一个来回冰床，然后到地安桥喝上二两白干儿，也是闲适有趣的。

拓展链接

冰蹴球来历

说到冰蹴球，资料显示其至少有 300 多年的历史，这是一项具有浓厚北京历史特色的民族体育冰雪项目。关于冰蹴球的起源有多种说法，不过其中最主要的说法是源于"踢盖火"的游戏。所谓"盖火"就是旧时盖在炉口压火的铁器，呈圆形，中间凸，顶端有孔。相传，当年乾隆皇帝的女儿和硕和嘉公主出生后，由于手指间有蹼相连，呈现佛手的形状，因此又被称作"佛手公主"。而随着公主的长大，她每每看到其他人玩各种游戏，自己却又无法参与时，便闷闷不乐。乾隆皇帝见状，便命内务府大臣设法寻找一些不需要用手就可以玩的游戏，以便让小公主开心。后来大臣发现人们在冰上"踢盖火"的游戏不仅不需要用手,而且非常具有乐趣,很适合小公主游戏。于是在得到乾隆皇帝同意后,宫人们便在冬天陪着小公主玩"踢盖火"的游戏,也就是从那时起冰蹴球开始流行起来。

实践探究

> 冰蹴球是一项非常有意思的游戏,请你查阅资料,了解一下冰蹴球的游戏规则。